Neues aus der *zauberhaften* PAPIERWERKSTATT

Neues aus der
zauberhaften **PAPIER WERKSTATT**

Noch mehr hauchschöne Bastel-Ideen aus Papier und Draht

Isabelle Guiot-Hullot

LV.Buch
Die Begeisterungswerkstatt

*I*n diesem Buch entdecken Sie neue, raffiniert durchdachte Papierskulpturen.

Beginnen Sie mit einfachen Modellen, denen Sie mit einem Hauch Farbe ein frisches Aussehen verleihen. Fertigen Sie Skulpturen zum Aufhängen an Decke oder Wand, zum Einrahmen oder Aufstellen. Sie finden Insekten, aufgereiht im Schaukasten oder gepresste Blätter in einem Blätterleporello. Spielen Sie mit den unterschiedlichen Effekten der Sockel aus natürlichen Materialien oder probieren Sie anstatt Papier einmal Stoff aus. Große oder kleine Modelle, runde oder quadratische, Einzelfiguren oder Serien.

Haben Sie erst einmal alle Modellvarianten nachgearbeitet, sind Sie für die Entwicklung eigener Kreationen bestens vorbereitet. Lassen Sie Ihrer Fantasie freien Lauf.

Isabelle Guiot-Hullot

Entdecken Sie meine Papierskulpturen:

www.epistyle.blogspot.fr
www.facebook.com/Epistyle

Inhalt

Material 8

Grundtechniken 10

Schablonen 76

Ansicht/Anleitung *Schablonen*

Draußen ist's am schönsten

Süße Früchte	20	76
Die Fischerhütte	22	77
Eine Flussfahrt	24	78
Der Gemüsegarten	26	79
Die Pinguine	28	79
Der Eisbär auf dem Packeis	30	80
Das Einrad	31	80
Herbststurm	32	81
Auf dem Teich	34	82
Vogel auf dem Ast	34	82

Für die Lieben

Unter den Lampions	38	83
Rosmarin & Blumenstoffe	40	84
Seilspringen	42	85
Der Kinderbaum	43	85
Liebeserklärung	44	86
Braut & Bräutigam	46	87
Mädchen auf der Schaukel	48	87
Zwei auf einem Weg	50	88
Große Wäsche	52	90
Fünf Mädchen mit Luftballons	54	91

Am Himmelszelt

Auf einem weißen Planeten	58	80
Das Kind in den Wolken	59	89
Im Mondschein träumen	60	89
Trapezengel	61	92
Hauchzartes Mobile	62	93
Sternschnuppen zählen	63	93
Das Boot im Himmel	64	94

Hauchschöne Geschenkideen

Buchstützen	68	86
Das Boot in der Dose	70	86
Eine Miniatur (Schachtel)	71	94
Insektenkasten	72	95
Blätterleporello	74	95

Das Material

Das Werkzeug

Spitze Flachzange

Schere

Kleine, spitze Schere

Zackenschere

Feiner Pinsel

Handbohrer mit feinem Bohrer (Nr. 3)

Kleiner Vorbohrer

Dünner, schwarzer Filzstift

Stanzer

Motivstanzer «Herz»

Motivstanzer «Stern»

Der Draht

Sie finden Papierwickeldraht auf der Rolle im Floristikfachhandel und im Online-Versandhandel. Er ist in verschiedenen Stärken erhältlich. Wählen Sie die feinere Variante.

Das Papier

Verwenden Sie verschiedenartiges Papier, vermeiden Sie jedoch Glanzpapier. Auf Flohmärkten können Sie für wenig Geld unterschiedlichste Strukturen, Nuancen, Schriften und Zeichnungen finden.

Die Kleber

Falls nicht anders angegeben, verwenden Sie flüssigen, schnelltrocknenden Holzleim. Er wird mit einem dünnen Pinsel aufgetragen und kann mit heißem Wasser entfernt werden.

Die Sockel

Sockel aus gut getrockneter Tannenrinde sind am einfachsten zu verarbeiten. Für kleine Teile sind sie jedoch weniger geeignet. Suchen Sie Baumrinde im Wald, mit einer Bürste sorgfältig reinigen und gut trocknen lassen. Auch mit Treibholz können sehr schöne Effekte erzielt werden. Achten Sie darauf, dass der Sockel standfest ist, da er durch das Gewicht der Skulptur leicht ins Wanken geraten kann.

Grundtechniken

1 Biegen des Drahts

Der Papierwickeldraht ist sehr biegsam. Er ist leicht zu formen und behält die Form bei. Biegen Sie die Kurven und Rundungen mit den Fingern und verwenden Sie die Flachzange, um den Draht zu ziehen oder zu knicken.

2 Die Ecken

Manche Ecken müssen besonders markant sein. Nehmen Sie den Draht mit der Flachzange, drücken Sie ihn mit dem Finger gegen die Seite der Zange und knicken so den Draht. Anschließend können Sie den Winkel nach Bedarf öffnen.

Den Draht auf das Papier kleben 3

1 Halten Sie den Draht an der Seite, die in den Sockel gesteckt wird, fest und tragen mit dem Pinsel gleichmäßig eine dünne Schicht Kleber auf den Draht auf.

2 Legen Sie den Draht aufs Papier und drücken ihn mit den Fingern ein paar Sekunden an. Lassen Sie den Kleber 5 bis 10 Minuten trocknen.

Tipp:

Flachen Sie den Draht mit einer Teigrolle oder einem stabilen Glas ab. Wenn sich der Draht einrollt, bearbeiten Sie ihn einfach von der anderen Seite.

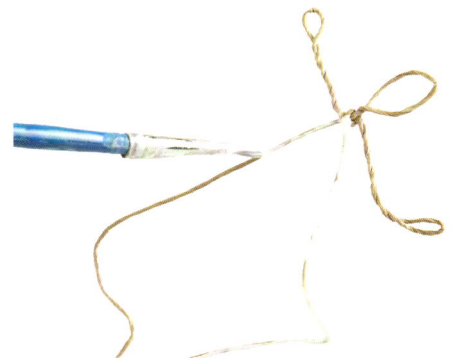

4 Das Papier ausschneiden

1 Verwenden Sie ein großes Blatt Papier, schneiden Sie das Motiv zunächst grob aus.

2 Bearbeiten Sie das Papier mit dem Draht nach oben. Verwenden Sie eine kleine, spitze Schere und schneiden Sie nahe am Draht, ohne diesen zu beschädigen.

Tipp:

Lassen Sie den Kleber 30 Sekunden bis eine Minute antrocknen, bevor Sie den Draht auf das Papier legen: So klebt er schneller fest und Sie müssen ihn nicht mit den Fingern andrücken. Allerdings können Sie so die Lage des Drahts auf dem Papier nachträglich nicht mehr korrigieren.

5   Auf dem Sockel befestigen

1 Kürzen Sie die Drahtenden bis auf einen zusätzlichen Zentimeter Draht, der in den Sockel gesteckt wird. Lassen Sie beim Ausschneiden des Papiers diese Drahtenden überstehen. Legen Sie die Figuren zum Zusammensetzen auf den Tisch und den Sockel davor.

2 Kennzeichnen Sie die Stellen für die Drahtenden. Bohren Sie mit dem Vorbohrer oder dem Handbohrer Löcher an die entsprechenden Stellen des Sockels.

3 Geben Sie auf die Drahtenden etwas Kleber und stecken Sie sie in die Löcher. Die Figuren müssen nicht unbedingt senkrecht stehen. Ca. 15 Minuten trocknen lassen. Wenn der Kleber gut getrocknet ist, können die Figuren durch vorsichtiges Biegen der Drähte vertikal ausgerichtet werden.

Wenn sich die Figuren an der Hand halten:

Lassen Sie die Hände der Figuren geöffnet. Geben Sie etwas Leim in die Rundung der Hand. Schieben Sie die Hand der anderen Figur senkrecht hinein. Drücken Sie mit der Zange beide Hände zusammen. Vollständig trocknen lassen. Biegen Sie die Figuren in die richtige Position.

Eine Figur beim Aufkleben fixieren:

Fixieren Sie die Figur mit den Fäusten auf dem Arbeitstisch, ohne sie zu bewegen. Sie müssen bequem sitzen. Möchten Sie eine kleine Form aufkleben, fixieren Sie diese mit den Fingern. Entfernen Sie die Figur immer wieder vorsichtig, damit sie nicht an Ihrer Haut oder der Unterlage kleben bleibt. Dann kleben Sie sie an der gewünschten Stelle fest. Sie können ebenso etwas Leim auf jedes Element auftragen. Etwas antrocknen lassen, dann beide Teile zusammenfügen. In diesem Fall müssen Sie, bevor der Leim aufgetragen wird, genau festlegen, wo die Elemente aufgeklebt werden sollen.

Die Figuren 6

1 Schneiden Sie den Draht: Die in der Materialliste angegebenen Längen entsprechen dem fertiggestellten Objekt. Verwenden Sie eher einen längern Draht und schneiden Sie den überstehenden Rest nach Beenden der Arbeit ab.

2 Kopf und Hals: Formen Sie 2 cm von der Mitte des Drahts eine Schleife, verdrehen Sie diese zweimal.

3 Die Arme: Knicken Sie eine der Seiten des Drahts entsprechend der angegebenen Länge ab. Verdrehen Sie ihn auf der ganzen Länge, lassen Sie die Hand dabei etwas geöffnet. Verfahren Sie mit der anderen Seite ebenso.

4 Beine und Kleidung: Formen Sie die Kleidung für den Mann mit zwei unterschiedlichen Seiten (die beiden Enden müssen sich auf derselben Höhe befinden).

Modellieren Sie das Kleid der Frau auf einer Seite etwas üppiger, dann biegen Sie den Draht für die Beine (beide Beine müssen gleich lang sein).

Kleben Sie die Figur auf ein Papier Ihrer Wahl (siehe Technik 3). Gut trocknen lassen und ausschneiden (siehe Technik 4).

7 Die Sterne

1 Biegen Sie den Draht mit der Flachzange 1 cm vom Ende um. Knicken Sie den Draht zehnmal im Zickzack (siehe Technik 2). Achten Sie darauf, gleichmäßig zu arbeiten.

3 Drücken Sie die inneren Zacken nach innen, um dem Stern seine Form zu geben. Kleben Sie den Stern auf weißes Seidenpapier (siehe Technik 3).

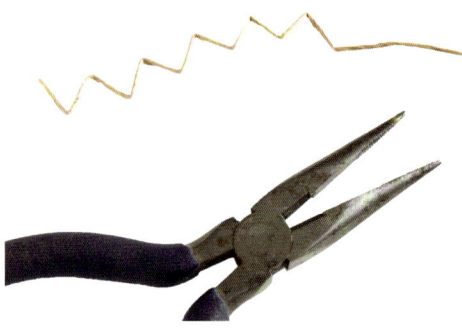

2 Schließen Sie den Stern, indem Sie das freie Ende um den Stiel wickeln.

4 Gut trocknen lassen und ausschneiden (siehe Technik 4). Kürzen Sie den Stiel auf die gewünschte Länge.

Einen Stern mit 5 Zacken fertigen:
Biegen Sie mit der Flachzange den Draht 11-mal, wie eine Ziehharmonika. Wickeln Sie das erste Stück um den Stiel. Geben Sie dem Stern die Form.

8 Die Herzen

1 Biegen Sie den Draht mit der Flachzange 1 cm vom Ende um. Formen Sie die erste Hälfte des Herzens, biegen Sie den Draht dann nach oben.

2 Drücken Sie die Einkerbung des Herzens mit der Zange zusammen. Formen Sie die zweite Hälfte. Schließen Sie das Herz, indem Sie das Drahtende um den Stiel drehen.

3 Kleben Sie das Herz auf weißes Seidenpapier (siehe Technik 3), gut trocknen lassen und ausschneiden (siehe Technik 4). Kürzen Sie den Stiel auf die gewünschte Länge.

9 Die Wolken

1 Biegen Sie den Draht mit der Flachzange 1 cm vom Ende um. Verwenden Sie die Schablone von Seite 89. Drücken Sie die Spitzen der Wolke mit der Zange zusammen.

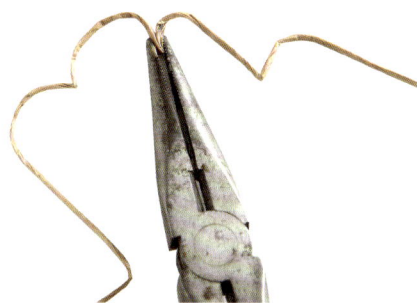

2 Schließen Sie die Wolke, indem Sie das Drahtende um den Stiel wickeln. Kleben Sie die Wolke auf weißes Seidenpapier (siehe Technik 3), gut trocknen lassen und ausschneiden (siehe Technik 4). Kürzen Sie den Stiel auf die gewünschte Länge.

10 Die Häuser

2 Knicken Sie die Ecken (siehe Technik 2). Drücken Sie den First und die Enden des Daches mit der Flachzange zusammen.

4 Schneiden Sie Türen, Fenster und Dekoration aus kontrastierendem Papier aus und legen Sie alles vor dem Aufkleben auf das Haus. Die Teile, falls nötig, noch ausrichten, damit Sie ein harmonisches Gesamtbild erhalten; mit dem Klebestift aufkleben und trocknen lassen.

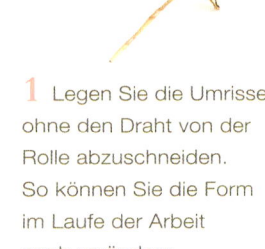

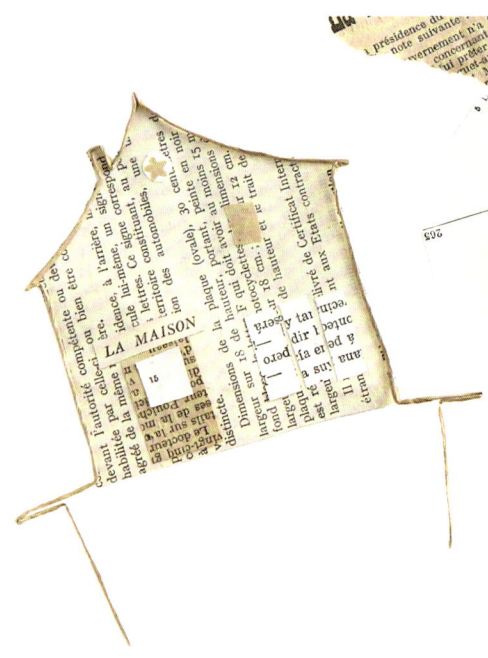

1 Legen Sie die Umrisse, ohne den Draht von der Rolle abzuschneiden. So können Sie die Form im Laufe der Arbeit noch verändern.

3 Kleben Sie das Haus auf Papier Ihrer Wahl (siehe Technik 3), gut trocknen lassen und ausschneiden (siehe Technik 4).

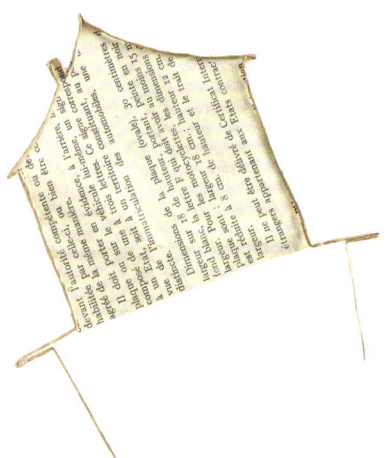

Biegen des Papierwickeldrahts nach dem Ausschneiden des Papiers:

Geben Sie eine Schicht Leim auf den Papierrand. Setzen Sie das Ende des ummantelten Drahts auf den Leimrand und drücken den Draht mit dem Finger an. Formen Sie den Draht auf dem Leim und halten ihn mit den Fingern fest. Heben Sie immer wieder vorsichtig die Finger, damit diese nicht festkleben, dann drücken Sie den Draht wieder an. Entfernen Sie die Finger. Trocknen lassen und den überstehenden Draht abzwicken.

Papierbögen zusammensetzen, bevor Sie den Draht aufkleben:

Vielleicht müssen Sie verschieden bedruckte Papierbögen zusammenkleben, bevor Sie den Draht aufkleben - zum Beispiel für die Wand und das Dach eines Hauses. Schneiden Sie einen der Bögen am Rand aus. Geben Sie eine Schicht Leim auf die Rückseite und kleben Sie den Draht auf den zweiten Bogen, der auf den Stoß von Dach und Wand geklebt wird. Gut trocknen lassen. Kleben Sie den gebogenen Draht fest. Achten Sie dabei auf die Lage der beiden Papierbögen. Kleben Sie ein Stück Draht auf den Stoß der beiden Papierbögen oder betonen Sie den Stoß mit einem schwarzen Filzstift.

5 Zeichnen Sie die Umrisse der Türen und Fenster mit einem schwarzen Filzstift nach.

Draußen ist's am schönsten

Material

Papierwickeldraht:
　5 Abschnitte, 25 bis 35 cm lang für die Früchte
　2 Drahtreste, 4 cm lang für die Blätter

Papier:
　5 unterschiedliche Bögen
　2 Papierreste für die Blätter

Sockel, 30 cm (hier Treibholz)

*Schablonen 1, 1:1
Seite 76*

Ausführung

Formen Sie die Früchte nach den Schablonen. Lassen Sie bei den Früchten, die mit einem Blatt gearbeitet werden, die Schlaufe am Apfelstiel etwas geöffnet. Verdrehen Sie die Enden und die Stiele, die in den Sockel gesteckt werden. Die Formen auf Papier kleben, trocknen lassen und ausschneiden.

Schneiden Sie die Blätter mit einer einfachen Schere oder mit der Zackenschere aus. Die mittlere Blattader aufkleben und 1 cm überstehen lassen. Trocknen lassen.

Geben Sie etwas Leim in die geöffneten Schlaufen. Schieben Sie das Ende der Blattader in die Schlaufe. Mit der Zange gut zusammendrücken.

Bereiten Sie die Löcher im Sockel vor und kleben Sie die Früchte fest.

Süße Früchte

Beim Anblick der köstlichen Äpfel und Birnen läuft einem das Wasser im Mund zusammen.

Ausführung

Formen Sie die Hütte nach der Schablone. Kleben Sie sie auf einen Papierbogen. Schneiden Sie das Fenster aus einem kontrastfarbenen Papier aus und kleben es auf die Hütte. Trocknen lassen und ausschneiden.

Formen Sie den Mond nach der Schablone. Kleben Sie ihn auf einen Papierrest. Trocknen lassen. Ausschneiden.

Schneiden Sie den Fisch aus einem Papierrest aus. Kleben Sie ihn ans Ende des Drahts. Kleben Sie das andere Ende des Drahts an die Angelrute.

Geben Sie etwas Leim auf die Rückseite der Hütte und kleben Sie sie mittig auf eine der Glasplatten, sodass die Stiele am Rand der Platte sind. Eventuell überstehenden Draht abzwicken.

Kleben Sie den Mond ebenso auf.

Geben Sie etwas Leim hinter die Angelrute. Setzen Sie sie auf die Platte. 30 Sekunden andrücken.
Vollständig trocknen lassen. Legen Sie die zweite Glasplatte darüber. Fixieren Sie die beiden Glasplatten mit Foldback-Klammern.

Geben Sie Leim auf einen Papierstreifen. Kleben Sie diesen auf den Rand der Platten. Mit Foldback-Klammern oder mit Wäscheklammern fixieren. Vollständig trocknen lassen.

Kleben Sie die restlichen 3 Papierstreifen ebenso auf. Vor dem Aufkleben des Folgestreifens den vorhergehenden trocknen lassen.

Befestigen Sie den Aufhänger hinter der Hütte, damit er nicht sichtbar ist.

Material

Papierwickeldraht:
- 44 cm für die Hütte
- 4 cm für die Angelrute
- 18 cm für den Mond

Papier:
- 1 Bogen für die Hütte
- 3 Papierreste für den Mond, das Fenster und den Fisch
- 2 Streifen, 2,5 x 15 cm; 2 Streifen, 2,5 x 20 cm aus demselben Papier oder 70 cm Masking Tape

5 cm Draht

2 Glasplatten, 15 x 20 cm Größe

1 selbstklebender Bildaufhänger

Schablonen 2, 1:1
Seite 77

Die Fischerhütte

*Das Mondlicht
spiegelt sich in den Schuppen
der Fischer*

Ausführung

Formen Sie den Kahn und die Figuren nach den Schablonen. Kleben Sie sie auf die Papierbögen. Trocknen lassen und ausschneiden.

Setzen Sie die Figur vorsichtig auf den Kahn, wie auf dem Foto. Geben Sie etwas Leim auf das Bein und unter den Hintern. Kleben Sie die Figur auf und drücken sie 30 Sekunden an.

Stellen Sie die zweite Figur vorsichtig auf den Kahn, wie auf dem Foto. Geben Sie Leim in die Hände. Stecken Sie die Stange durch die Hände. Die Stange muss in den Sockel passen, wenn die Figur aufrecht auf dem Kahn steht. Drücken Sie die Hände zusammen. Trocknen lassen.

Geben Sie etwas Leim unten an die Beine, dann hinter den Kahn kleben.

Formen Sie die Fracht. Kleben Sie sie auf Papierreste. Trocknen lassen und ausschneiden. Kleben Sie die Pakete zwischen die Figuren auf die Rückseite des Kahns.

Bohren Sie für die beiden Stiele des Kahns Löcher in den Sockel und ein weiteres für die Stange. Geben Sie Leim in die Löcher und stecken Sie den Draht hinein. Gut trocknen lassen.

Variante: Fertigen Sie den Frachtkahn aus einem Stück Sperrholz, das Sie anschließend bemalen und das seine Stabilität durch eine auf der Rückseite angebrachte Leiste erhält. In diesem Fall erübrigt sich ein Sockel.

Material

Papierwickeldraht:
　2 x 35 cm für die Figuren
　35 cm für den Kahn
　15 cm für den Stab
　5 x 6 cm für die Fracht

Papier:
　3 Bögen
　Papierreste für die Fracht

Sockel 30 cm (hier ein Ast)

Schablonen 3, 1:1
Seite 78

Eine Flussfahrt

Ist das anstrengend!
Man muss sich fest mit der Stange abstoßen,
damit der Kahn das Ufer erreicht.

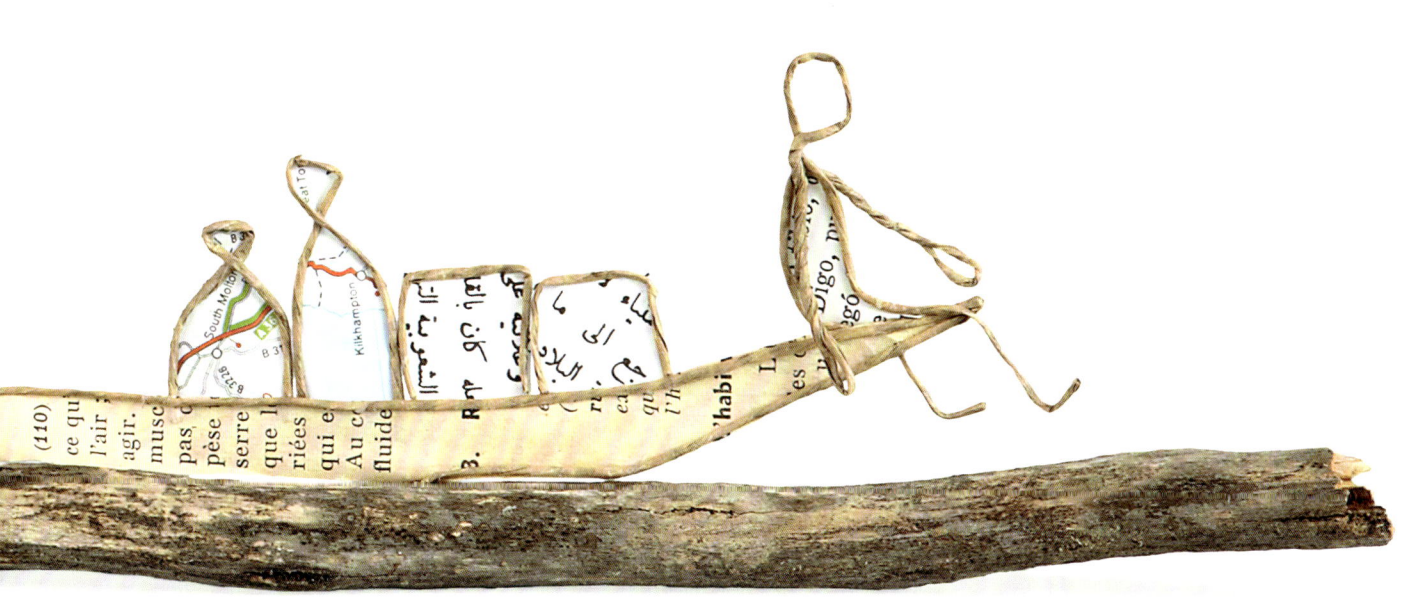

Der Gemüsegarten

Material

Papierwickeldraht:
    25 cm für den Schuppen
    20 cm für den Spaten
    10 cm für die Gießkanne
    10 cm für den Schlauch
    5 cm für die Schlauchhalter
    3 x 5 cm für die Karotten
    Papierreste für das andere Gemüse
    20 cm für den Vogel

Papier:
    1 Bogen für den Schuppen
    Orangefarbene Reste für die Karotten
    Reste für die Tür der Hütte,
    den Spaten und die Gießkanne

Schwarzer Filzstift

Zahnstocher

Sockel 30 cm (hier Baumrinde)

Schablonen 4, 1:1
Seite 79

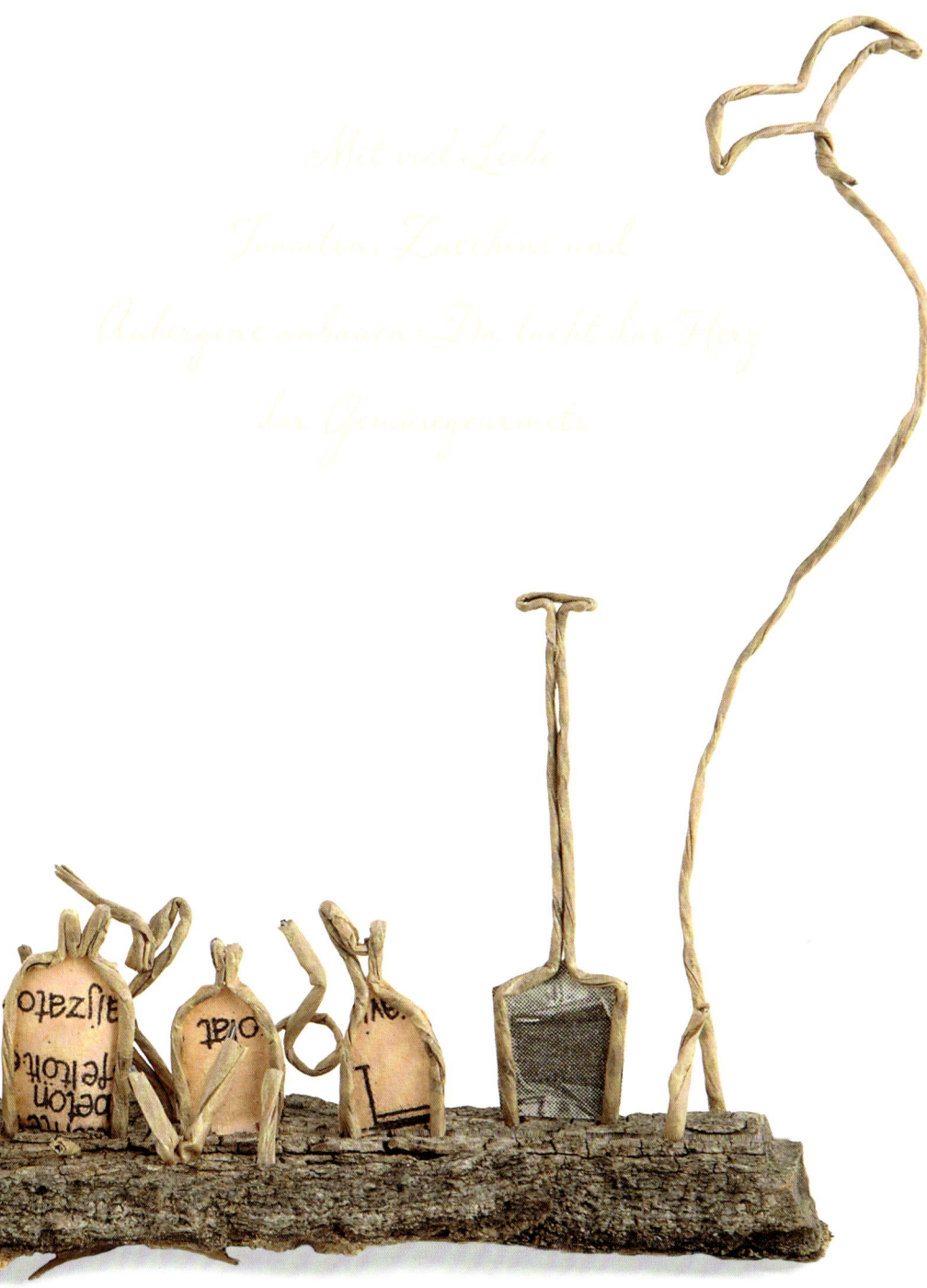

Ausführung

Formen Sie den Schuppen. Kleben Sie ihn auf den Papierbogen, trocknen lassen und ausschneiden.

Schneiden Sie die Türe aus einem Rest aus. Kleben Sie sie auf den Schuppen. Kleben Sie ein ausgestanztes oder ausgeschnittenes Herz auf die Tür. Trocknen lassen. Umrahmen Sie die Tür und das Herz.

Formen Sie den Spaten und die Gießkanne und kleben Sie sie auf Papierreste. Trocknen lassen. Ausschneiden. Formen Sie den Henkel der Gießkanne und kleben diesen an der Rückseite fest. Gut trocknen lassen. Formen Sie die Karotten. Kleben Sie sie auf die orangefarbenen Reste. Formen Sie den Schlauchhalter. Wickeln Sie den ‚Schlauch' dreimal um einen Bleistift. Auf jeder Seite sollten 2 cm überstehen. Zwicken Sie den restlichen Draht ab.

Schneiden Sie Reste von papierummanteltem Draht zu. Formen Sie daraus weiteres Gemüse. Formen Sie den Vogel. Lassen Sie einen Stiel von 10 cm. Schneiden Sie den überstehenden Draht ab.

Bohren Sie in den Sockel die benötigten Löcher für den Schuppen, den Spaten, die Gießkanne, die Karotten und den Vogel.

Stecken Sie Zahnstocher in die vorbereiteten Löcher. Bohren Sie für das Gemüse, das Sie in den Sockel stecken möchten, weitere Löcher.

Kleben Sie die Elemente in die vorgesehenen Löcher. Kleben Sie das Gemüse in die restlichen Löcher.

Hängen Sie den Schlauch an den Schlauchhalter. Kleben Sie eines der Enden hinter den Schuppen, das andere hängen lassen.

Ausführung

Malen Sie zügig einen der Papierbögen schwarz an. Die Farbe darf nicht decken, damit die Schrift lesbar bleibt. Gut trocknen lassen.

Formen Sie die Pinguine nach der Schablone. Kleben Sie die Figuren auf das Papier, trocknen lassen und ausschneiden.

Malen Sie die Köpfe mit der verdünnten, schwarzen Farbe an. Trocknen lassen.

Stanzen Sie mit einem Locher aus weißem Papier Kreise für die Augen aus. Aufkleben und trocknen lassen. Zeichnen Sie mit einem Filzstift einen schwarzen Punkt in die Mitte des Auges.

Pausen Sie die Schablonen für die Flügel und die Flossen auf schwarzes Papier durch.

Schneiden Sie die Flügel und die Flossen aus. Kleben Sie die Flügel hinter die Körper und die Flossen vor den Draht für die Füße. Achtung: Die Stiele aus ummanteltem Draht für die Füße müssen überstehen, damit Sie sie in den Sockel stecken können.

Fertigen Sie den Fisch nach der Schablone. Trocknen lassen und ausschneiden. Bemalen Sie ihn mit blauen Streifen. Trocknen lassen. Betonen Sie die Streifen mit einem schwarzen Filzstift.

Bohren Sie Löcher in den Sockel, kleben Sie die Pinguine vom Kleinsten bis zum Größten an den Flossen fest. Befestigen Sie den Fisch.

Die Pinguine

*Auf dem Packeis sitzen die Seevögel
in ihrem Frack, ganz brav in einer Reihe.*

Material

Papierwickeldraht:
5 Abschnitte, 20 bis 30 cm für die Pinguine
15 cm für den Fisch

Papier:
5 unterschiedliche Bögen für die Pinguine
1 Bogen für die Flügel und Flossen
1 Papierrest für den Fisch

Schwarze, verdünnte Farbe

Blaue, verdünnte Farbe

Schwarzer Filzstift

Sockel, 30 cm (hier Treibholz)

*Schablonen 5, 1:1
Seite 79*

Der Eisbär auf dem Packeis

Ganz in Weiß verschmilzt der Eisbär mit der ewigen Weite.

Material

Papierwickeldraht:
   35 cm für den Bären
   25 cm für den Stern

Papier:
   1 weißer, bedruckter Bogen

Weiße, selbstaushärtende Masse

*Schablonen 6, 1:1
Seite 80*

Ausführung

Formen Sie den Bären nach der Schablone. Kleben Sie die Figur aufs Papier, trocknen lassen und ausschneiden.

Formen Sie einen Stern mit 5 Zacken (die Zacken haben je 1 cm Seitenlänge). Kleben Sie sie auf den Papierbogen, trocknen lassen und ausschneiden.

Fertigen Sie das Packeis: Rollen Sie mit dem Nudelholz eine Kugel selbstaushärtende Masse zu einer 1 cm hohen Platte.

Schneiden Sie mit einem spitzen Messer die Form nach der Schablone aus.

Bohren Sie mit dem Draht die Löcher für den Eisbären und den Stern vor.

Lassen Sie die Masse nach Herstelleranleitung trocknen.

Schleifen Sie die ausgehärtete Masse mit feinem Schleifpapier. Pusten Sie in die beiden Löcher, um den Schleifstaub zu entfernen. Erweitern Sie die Löcher, falls nötig, mit einem Vorbohrer.

Kleben Sie die Stiele des Bären und des Sterns in den Sockel.

Das Einrad

Ausführung

Formen Sie das Einrad mit dem dicken Papierwickeldraht nach der Schablone.

Setzen Sie die beiden Seiten der Gabel nebeneinander. Kleben Sie die drei Kontaktpunkte gemäß Schablone zusammen. Gut trocknen lassen. Biegen Sie für die Pedale die beiden Enden der Gabel um 1 cm nach außen.

Formen Sie die Figur. Kleben Sie die Figur aufs Papier, trocknen lassen und ausschneiden. Bringen Sie an der Figur vorsichtig auf beiden Seiten die Arme an.

Geben Sie etwas Leim auf den Sattel des Einrads. Setzen Sie die Figur auf das Einrad und kleben Sie sie fest. 30 Sekunden andrücken. Gut trocknen lassen. Geben Sie etwas Leim unter die Füße und setzen Sie diese auf die Pedale. 30 Sekunden andrücken. Gut trocknen lassen. Richten Sie, falls nötig, die Position der Beine aus.

Streichen Sie 1,5 cm der Radunterseite mit Leim ein. Setzen Sie das Rad auf den Sockel, 30 Sekunden andrücken. Fixieren Sie das Rad mit einer Schraubzwinge am Sockel, bis der Leim durchgetrocknet ist.

Korrigieren Sie die Position des Radfahrers, damit er möglichst aufrecht sitzt

Material

Papierwickeldraht:
75 cm für die Figur

Dicker Papierwickeldraht:
Sie können auch einfachen Draht durch Verdrehen verstärken.
45 cm für das Einrad

Papier:
1 Papierbogen

Dicker Sockel (hier Treibholz)

Schablonen 7, 1:1
Seite 80

Herbststurm

Ausführung

Formen Sie die Figur. Kleben Sie sie auf einen Papierbogen, trocknen lassen und ausschneiden. Bringen Sie an der Figur vorsichtig beidseitig die Arme an.

Formen Sie das Haus. Schneiden Sie für das Dach ein 4 x 9 cm großes Rechteck aus Papier aus. Kleben Sie es an das Papier, das als Hauswand gedacht ist. Kleben Sie das Haus auf das Papier. Schneiden Sie die Fenster und die Tür aus und kleben diese auf die Wand. Trocknen lassen und ausschneiden. Umrahmen Sie das Dach, die Fenster und die Tür mit schwarzem Filzstift.

Formen Sie einen Stern mit 5 Zacken (siehe S. 14). Die Zacken haben eine Seitenlänge von 1 cm. Kleben Sie ihn auf einen weißen Papierrest.

Bereiten Sie den Sockel vor. Verwenden Sie einen Vorbohrer mit dem Durchmesser des Asts. Verwenden Sie, falls nötig, einen Handbohrer oder eine Bohrmaschine. Kleben Sie alle Teile fest.

Material

Papierwickeldraht:
25 cm für das Haus
40 cm für die Figur
25 cm für den Stern

Papier:
3 unterschiedliche Bögen
1 dunkler Rest für die Fenster und die Türe
1 weißer Rest für den Stern

1 feiner Ast mit mehreren Verästelungen

Sockel 25 cm (hier Baumrinde)

Schablonen 8, 1:1
Seite 81

Auf dem Teich

Ausführung

Formen Sie die Vögel. Die Formen auf Papier kleben, trocknen lassen und ausschneiden.

Schneiden Sie die Gräser auf verschiedene Längen. Verwenden Sie auch die unterschiedlich langen Stängel.

Bohren Sie zunächst die Löcher für die Vögel vorne in den Sockel. Markieren Sie sie durch Einsetzen von Stöckchen.

Bohren Sie anschließend für den Hintergrund so viele Löcher, wie Sie für die Gräser und die Stängel benötigen. Für den Ast sollten Sie einen Vorbohrer mit passendem Durchmesser verwenden.

Kleben Sie die Vögel auf den Sockel. Kleben Sie die Gräser, die Stängel und den Zweig fest.

Material

Papierwickeldraht:
  25 cm für den großen Vogel
  22 cm und 2 x 15 cm für die 3 schwimmenden Vögel

Papier:
  2 unterschiedliche Bögen

Trockene Gräser
(hier Spitzwegerich)

1 dünnen Ast mit Verästelungen

Sockel, 25 cm (hier Treibholz)

Schablonen 9, 1:1
Seite 82

Vogel auf dem Ast

Ausführung

Formen Sie den Vogel mit einem 40 cm langen Draht nach der Schablone. Kleben Sie ihn auf Papier, trocknen lassen und ausschneiden.

Formen Sie den linken Flügel aus dem 11 cm langen Draht. Kleben Sie ihn an den Vogel. Kleben Sie das 4 cm lange Stück als rechten Flügel auf die andere Seite.

Zeichnen Sie mit dem schwarzen Filzstift das Auge des Vogels.

Bohren Sie den Ast leicht an, um eine Kralle des Vogels zu platzieren. Befestigen Sie sie mit etwas Leim. Kleben Sie die zweite Kralle den Ast entlang. 30 Sekunden andrücken.

Bohren Sie Löcher im Durchmesser des Astes in den Sockel. Kleben Sie ihn in das Loch. Gut trocknen lassen.

Material

Papierwickeldraht:
  40 cm, 11 cm und 4 cm

Papier:
  1 Bogen

1 schwarzer Filzstift

1 Ast mit mehreren Verästelungen

Sockel, 10 cm lang und mindestens 5 cm breit
(hier Baumrinde)

Schablonen 10, 1:1
Seite 82

Für die Lieben

Unter den Lampions

An lauen Sommerabenden
im Schein der bunten Lampions
schwingen die Paare
das Tanzbein!

Material

Papierwickeldraht:
65 cm für die Tänzerin
55 cm für den Tänzer

Papier:
2 Papierbögen für die Tänzer
Bunte Papierreste für die Lampions

2 Schaschlikspieße aus Holz

20 cm dünne Schnur

Sockel 25 cm (hier eine Baumrinde)

*Schablonen 1, 1:1
Seite 83*

Ausführung

Formen Sie die Figuren nach den Schablonen. Die Figuren auf Papier kleben, trocknen lassen und ausschneiden.

Verbinden Sie die linke Hand der Tänzerin mit der rechten Hand des Tänzers und kleben Sie sie fest. Trocknen lassen. Richten Sie die beiden Körper aus.

Fertigen der Lampions: Schneiden Sie aus buntem Papier 1 bis 2 cm breite Streifen, dann schneiden Sie die Streifen in 1 cm lange Abschnitte. Verwenden Sie möglichst eine Zackenschere.

Geben Sie Leim auf die Schnur. Lassen Sie 2 cm an den Enden überstehen. Kleben Sie die Lampions auf. Trocknen lassen

Geben Sie Leim auf die Spitze der Schaschlikspieße. Wickeln Sie die Schnur über den Leim. 30 Sekunden andrücken. Trocknen lassen.

Bereiten Sie den Sockel vor. Verwenden Sie einen Vorbohrer mit dem Durchmesser der Spieße. Verwenden Sie, falls nötig, einen Handbohrer oder eine Bohrmaschine. Kleben Sie die Figuren fest. Trocknen lassen.

*Rosmarin
und Blumenstoffe*

*Blumenstoffe und Düfte
der Provence zeichnen ein fröhliches
und aromatisches Familienporträt*

Material

Papierwickeldraht:
2 x 30 cm für die Eltern
2 x 25 cm für die Kinder
15 cm für das Baby
25 cm für den Stern

Papier:
1 weißer Papierrest

Stoff:
5 verschiedene Stoffreste
2 Rosmarinzweige

Sockel (hier ein Ast)

*Schablone 12, 1:1
Seite 84*

Ausführung

Formen Sie die Figuren nach den Schablonen. Kleben Sie sie auf die Stoffreste. Trocknen lassen und ausschneiden. Sie benötigen hierfür eine gute Stoffschere.

Geben Sie etwas Leim auf die Stoffränder, die den Draht nicht überdecken sollten. Trocknen lassen. Das verhindert das Ausfransen.

Formen Sie den Stern (siehe S. 14). Die 5 Zacken haben jeweils 1 cm Seitenlänge. Kleben Sie ihn auf einen Papierrest. Trocknen lassen. Ausschneiden.

Biegen Sie das Baby in eine Sitzposition. Knicken Sie den Arm des Vaters und setzen das Baby darauf. Legen Sie den Arm des Babys um den Hals des Vaters. Fixieren Sie die Skulptur, indem Sie Leim an die Kontaktstellen der Figuren geben. 30 Sekunden andrücken. Trocknen lassen.

Bereiten Sie den Sockel vor. Verwenden Sie, falls nötig, einen Handbohrer oder eine Bohrmaschine. Kleben Sie die Figuren fest. Trocknen lassen

Richten Sie die Figuren so aus, dass sie sich alle an den Händen halten. Mit einem Tropfen Leim fixieren. Drücken Sie mit einer Zange die Hände zusammen.

Seilspringen

1, 2, 3 springen...
wer hält das Rekord?

Ausführung

Formen Sie ein Mädchen nach der Schablone, lassen Sie beide Hände geöffnet.

Kleben Sie es auf das Papier, trocknen lassen und ausschneiden.

Runden Sie den schwarzen Draht ab. Geben Sie etwas Kleber in die Hände des Mädchens. Stecken Sie die Enden des schwarzen Drahts in die Hände, ziehen Sie das Seil nach oben und drücken die Hände mit der Zange zusammen.

Befestigen Sie die Figur auf dem Sockel.

Material

45 cm Papierwickeldraht für das Kind
15 cm feiner, schwarzer Draht für das Springseil
1 Blatt Textpapier

5 cm langer Sockel

Schablone 13, 1:1
Seite 85

*Die Kinder spielen im Baum,
verstecken sich und stoßen
Freudenschreie aus.*

Der Kinderbaum

Material

Papierwickeldraht:
5 x 25 cm für die Figuren

Dicker Papierwickeldraht:
Sie können auch einfachen Draht
durch Verdrehen verstärken.
55 cm und 35 cm für den Baum

Papier:
5 Papierreste

**Sockel 10 cm lang
und mindestens 5 cm breit**
(hier Baumrinde)

*Schablonen 14, 1:1
Seite 85*

Ausführung

Formen Sie den Stamm und die Zweige des Baums mit dem 55 cm langen Draht. Formen Sie die Kinder nach der Schablone. Lassen Sie ihre Hände geöffnet. Geben Sie ihnen unterschiedliche Positionen.

Kleben Sie sie auf die Papierreste, trocknen lassen und ausschneiden. Kleben Sie eines der Enden des dicken Drahts, der das Blattwerk darstellen soll, an den Ansatz der Zweige. Gut trocknen lassen.

Befestigen Sie eine oder beide Hände der 4 Kinder an dem Draht, je nach Position im Baum. Legen Sie die Arbeit flach auf den Tisch.

Kleben Sie das eine Ende des Drahts für das Blattwerk gegen das andere, um einen Kreis zu bilden.

Positionieren Sie die Kinder. Geben Sie etwas Leim in ihre Hände und drücken Sie diese zusammen. Trocknen lassen. Hängen Sie das 5. Kind an einen Ast. Aufkleben und trocknen lassen.

Biegen Sie die Beine der Kinder und zwicken Sie überstehenden Draht ab. Setzen Sie die Füße der beiden Kinder in den Baum. Geben Sie etwas Leim darunter. Setzen Sie sie in den Baum. 30 Sekunden andrücken.

Bohren Sie die Löcher für den Stamm in den Sockel. Kleben Sie den Baum fest. Trocknen lassen.

Ausführung

Messen Sie mit einem Messschieber den Durchmesser des Vasenbodens. Wählen Sie den Dosenbohrer in entsprechender Größe und bohren Sie ein Loch in den Sockel.

Überkleben Sie den Sockel mit ausgerissenen Notenpapierstreifen. Gut trocknen lassen. Ertasten Sie das Loch im Sockel. Drücken Sie vorsichtig darauf, um es zu kennzeichnen. Schneiden Sie mit einer frischen Cutterklinge das Papier rund um das Loch aus.

Formen Sie die Figuren. Kleben Sie sie auf die verschiedenen Papierbögen. Trocknen lassen und ausschneiden. Formen Sie das Herz. Schneiden Sie den überstehenden Draht ab. Kleben Sie es auf den roten Papierrest. Trocknen lassen und ausschneiden.

Schneiden Sie das Blatt aus und kleben es an den Stiel. Verwenden Sie möglichst eine Zackenschere.

Geben Sie etwas Leim in die Hand des Mannes. Schieben Sie den Stiel hinein. Zwicken Sie die Hand zusammen.

Bohren Sie Löcher in den Sockel. Kleben Sie die Figuren auf. Stecken Sie die Vase mit einer schönen Rose in den Sockel

Material

Papierwickeldraht:
  2 x 50 cm für die Figuren

Papier:
  2 unterschiedliche Papierbögen für die Figuren
  Notenblätter für den Sockel
  1 roter Papierrest für das Herz
  1 Papierrest für das Blatt

1 Einzelvase oder 1 kleines Reagenzglas

1 Kantholz, 25 cm lang

Schablonen 15, 1:1
Seite 86

Liebeserklärung

Braut und Bräutigam

Ausführung

Bereiten Sie den Sockel vor: Gießen Sie etwas Gips in die Silikonform gemäß der Anleitung des Herstellers. Vollständig trocknen lassen.

Malen Sie einen Papierbogen mit verdünnter, schwarzer Farbe an, sodass der Druck noch sichtbar ist. Gut trocknen lassen.

Formen Sie das Brautpaar. Kleben Sie es auf den weißen und den schwarz angemalten Papierbogen. Trocknen lassen und ausschneiden.

Schneiden Sie für den Strauß einen Kreis mit 3 cm Durchmesser aus rosafarbenem Seidenpapier möglichst mit der Zackenschere aus. Falten Sie ihn zweimal und scheiden Sie ihn vom Rand zur Mitte rundum ein. Die Mitte zusammendrücken und leicht verdrehen. Öffnen Sie den Strauß, halten Sie die Mitte zwischen den Fingern fest. Geben Sie etwas Leim in die Mitte der Hand der Braut. Geben Sie ihr den Strauß in die Hand. Zusammendrücken und trocknen lassen.

Drehen Sie für die Krone einen 2 cm langen und 0,5 cm breiten Streifen rosafarbenes Seidenpapier. Kleben Sie die Krone auf den Kopf der Braut. Trocknen lassen.

Geben Sie auf einen rosafarbenen Seidenpapierrest Leim und zerknüllen ihn, um eine kleine Kugel zu erhalten. Kleben Sie die Kugel auf den Anzug des Bräutigams. Trocknen lassen.

Formen Sie das Herz. Kleben Sie es auf den weißen Seidenpapierrest. Gut trocknen lassen und ausschneiden.

Formen Sie die Arme des Brautpaars so, dass sie sich um die Taille fassen. Platzieren Sie das Kleid der Braut vor dem Bein des Bräutigams. Achten Sie darauf, dass die Beine nahe genug beieinander stehen, um auf den Sockel zu passen.

Kleben Sie das Brautpaar zusammen. Geben Sie etwas Leim in die Hände des Brautpaars. Schieben Sie den Stiel des Herzens hinein und zwicken Sie sie zusammen. Trocknen lassen.

Bohren Sie die Löcher für die Füße des Brautpaars in den Sockel. Falls das Brautpaar für eine Torte gedacht ist, geben Sie etwas Leim auf den Rhodoid Kreis und kleben ihn unter den Sockel. Gut trocknen lassen.

Bohren Sie den Sockel von unten an. Achten Sie darauf, dass er nicht bricht. Kleben Sie das Brautpaar auf den Sockel.

Stecken Sie einen Zahnstocher in das Loch unter dem Sockel, ohne diesen festzukleben. So können Sie den Zahnstocher nach der Hochzeit entfernen und die Skulptur aufstellen

Material

Papierwickeldraht:
- 45 cm für den Bräutigam
- 55 cm für die Braut
- 20 cm für das Herz

Papier:
- 2 Papierbögen
- Rosafarbene und weiße Seidenpapierreste

Schwarze, verdünnte Farbe

Gips

Kuchenförmchen aus Silikon mit mindestens 5 cm Durchmesser

Soll die Skulptur eine Hochzeitstorte zieren:
- 1 Rhodoid Unterlage mit 5 cm Durchmesser
- Zahnstocher

Schablonen 18, 1:1
Seite 87

*Ist die Braut gang oben
auf der Hochzeitstorte schon bereit,
den Brautstrauß zu werfen?*

Material

Papierwickeldraht:
　50 cm für die Figur
　20 cm für die Rückseite der Figur

Papier:
　1 Bogen

Dünne Schnur:
　1 Abschnitt 35 cm
　1 Abschnitt 15 cm

1 Holzstängel 11 cm (Ästchen)

Zweilagige Wellpappe:
　4 Streifen 1 x 14 cm
　4 Streifen 1 x 21 cm

Schablonen 19, 1:1
Seite 87

Mädchen auf der Schaukel

*Immer höher schwingen,
bis die Fußspitzen
den Himmel
berühren*

Ausführung

Bei diesem Modell ist die Vorder- und Rückseite zu sehen. Daher muss die Rückseite ebenso gelungen aussehen wie die Vorderseite.

Formen Sie das Mädchen nach der Schablone, lassen Sie die Hände geöffnet. Kleben Sie sie auf den Papierbogen, trocknen lassen und ausschneiden.

Geben Sie etwas Leim auf die Rückseite des Kleides. Kleben Sie den Draht auf die ganze Länge des Rückens und biegen Sie ihn nach und nach. Drücken Sie den Draht gegen den Leim. Das kann etwas kniffelig sein. Trocknen lassen und den überstehenden Draht abzwicken.

Bohren Sie mit einem Vorbohrer in einen der kurzen Pappstreifen jeweils 3 cm von den oberen Ecken zwei Löcher. Formen Sie eine Schlinge am Ende der langen Schnur. Stecken Sie den Ast in die Schlaufe. Geben Sie etwas Leim darauf und ziehen Sie die Schlinge zu. Ziehen Sie die Schnur durch die eine Hand des Mädchens, dann durch eines der Löcher im Pappstreifen. Ziehen Sie die Schnur durch das zweite Loch zurück und führen Sie sie durch die zweite Hand des Mädchens. Formen Sie eine Schlaufe an der anderen Seite des Ästchens und fixieren Sie sie mit Leim. Schneiden Sie eventuell überstehenden Draht ab.

Bohren Sie mit dem Vorbohrer ein Loch mittig in den kurzen Kartonstreifen. Ziehen Sie die kurze Schnur durch und kleben 1 cm der Schnur auf die Pappe. Kleben Sie beiden Kurzen oberen Pappstreifen zusammen.

Kleben Sie jeweils zwei der restlichen Pappstreifen zusammen. Fügen Sie alle 4 Seiten als Rahmen zusammen. Gut trocknen lassen.

Formen Sie den Körper des Mädchens und setzen es auf die Schaukel. Kleben Sie den Hintern auf den Ast. 30 Sekunden andrücken. Gut trocknen lassen.

Formen Sie eine Schlaufe am Ende der Schnur zum Aufhängen.

Zwei auf einem Weg

Material

Papierwickeldraht:
zweimal 40 cm für die Figuren
30 cm für den Baum
20 cm für das Haus
20 cm für die Berge
70 cm für die Felder

Papier:
12 möglichst unterschiedliche Papierbögen
Weiße Papierreste für die Sterne
Dunkle Papierreste für die Türen und die Fenster
4 Streifen Kraftklebeband, 5 x 20,5 cm Länge
4 Streifen Kraftklebeband, 5 x 14 cm

Zweilagige Wellpappe:
4 Streifen 5 x 20,5 cm
4 Streifen 5 x 14 cm

Schwarze Wasserfarbe

Weißer Lackmarker

*Schablonen 20, 1:1
Seite 88*

Ausführung

Fertigen des Rahmens:
Kleben Sie immer zwei Kartonstreifen zusammen. Gut trocknen lassen.

Kleben Sie die 4 Seiten des Rahmens zusammen. Flach hinlegen und gut trocknen lassen, stellen Sie sicher, dass die Ecken im rechten Winkel sind.

Fertigen der Figuren:
Formen Sie die Figuren. Kleben Sie sie auf ein Blatt Papier. Trocknen lassen und ausschneiden. Bemalen Sie sie mit verdünnter Farbe. Gut trocknen lassen. Biegen Sie die Figuren zurecht, damit sie sich um die Schulter und die Taille fassen. Biegen Sie die Knie und die Füße.

Fertigen des Hintergrunds:
Formen Sie den Baum. Kleben Sie ihn auf ein Blatt Papier. Trocknen lassen. Ausschneiden.

Formen Sie das Haus. Auf einen Papierbogen kleben und trocknen lassen. Schneiden Sie es genau der Form nach aus. Lassen Sie die untere Kante des Hauses über den ummantelten Draht überstehen.

Formen Sie die beiden Teile des Berges und kleben sie auf einen Papierbogen. Trocknen lassen. Sorgfältig ausschneiden. Die untere Kante sollte über den ummantelten Draht überstehen.

Pausen Sie die Felder ab. Schneiden Sie alle Teile aus. Verwenden Sie sie als Schablone und übertragen Sie sie auf die verschiedenen Papierbögen. Kleben Sie sie auf Stoß auf den Streifen Kraftpapier.

Kennzeichnen Sie die Trennung zwischen den einzelnen Flächen mit ummanteltem Draht. Formen Sie die Teile und schneiden Sie sie beim Aufkleben aus. Gut trocknen lassen. Schneiden Sie das Papier für die Unterlage am Draht entlang.

Legen Sie die Stelle für das Haus und die Berge auf dem großen Kraftpapierbogen fest und kleben Sie sie auf.

Kleben Sie die Felder auf den großen Kraftpapierbogen. Sie sollten den unteren Teil des Hauses und der Berge bedecken. Kleben Sie den Baum auf.

Schneiden Sie die Sterne von Hand oder mit einem Stanzer aus. Fügen Sie unterschiedlich große Punkte mit einem Lackmarker hinzu.

Geben Sie etwas Leim rund um die Vorderseite des Bildes. Kleben Sie den Rahmen auf. 30 Sekunden andrücken. Vollständig trocknen lassen.

Geben Sie etwas Leim unter die Füße der Figuren. Stellen Sie den Rahmen auf und drücken Sie die Füße 30 Sekunden an. Vollständig trocknen lassen.

Große Wäsche

Material

Papierwickeldraht:
  2 x 25 cm und 2 x 20 cm
  für die Häuser

Papier:
  4 verschiedene Papierbögen
  für die Häuser

  Verschiedene Papierreste
  für die Wäsche, die Türen
  und die Fenster

3 x 18 cm dünne Leinenschnur

Schwarzer Filzstift

Sockel 30 cm
(hier ein Ast)

*Schablonen 23, 1:1
Seite 90*

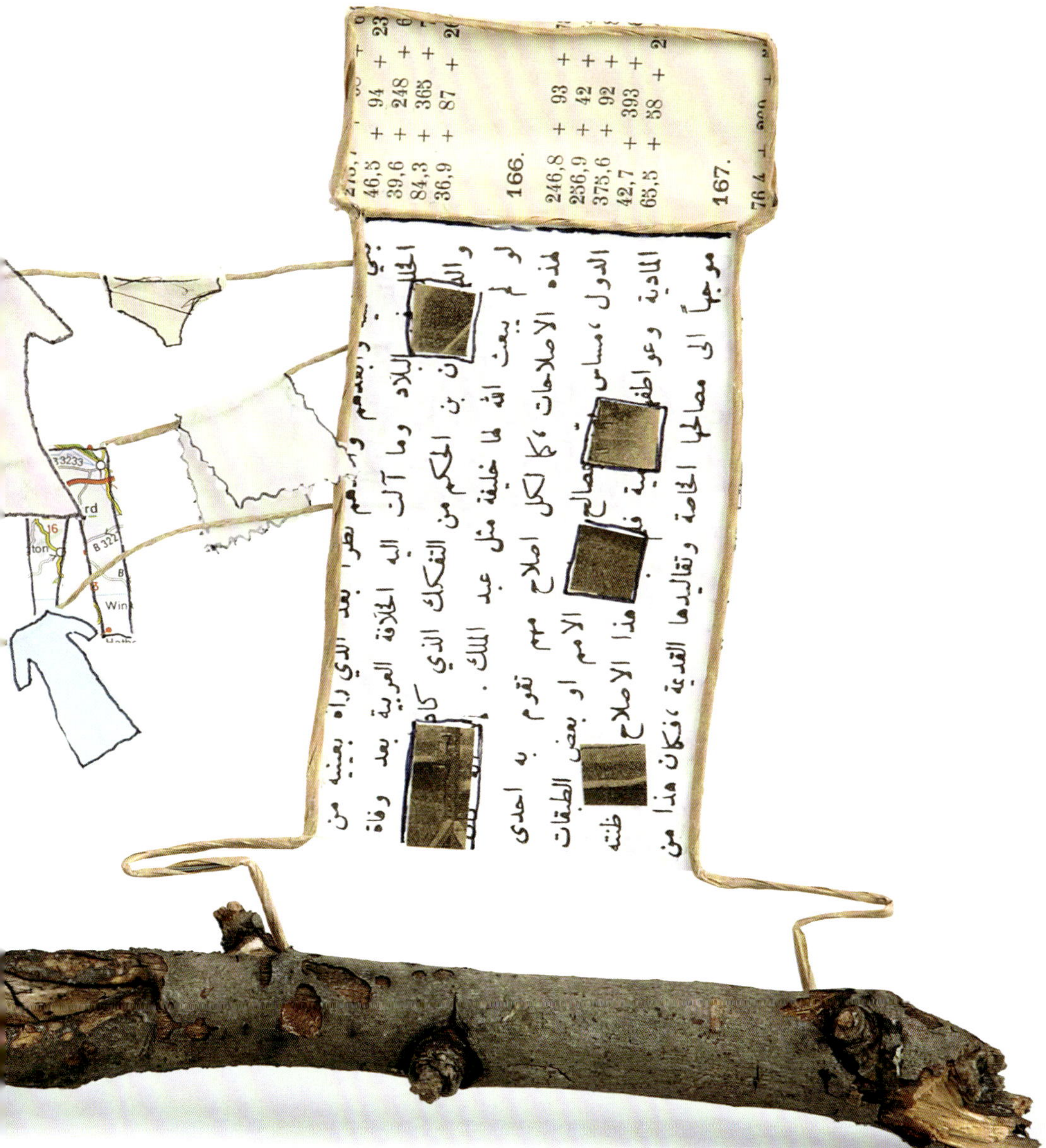

Ausführung

Kleben Sie zwei Papierbögen zusammen, wie in den Grundtechniken auf S. 17 angegeben.

Formen Sie die Häuser nach den Schablonen. Kleben Sie sie auf die vorbereiteten Papierbögen. Trocknen lassen und ausschneiden. Fügen Sie die Türen und Fenster hinzu. Mit dem schwarzen Filzstift umrahmen.

Zeichnen Sie die Kleidungsstücke mit schwarzem Filzstift, dann schneiden Sie die Formen 1 mm vom Filzstiftstrich aus. So sind sie direkt umrandet. Kleben Sie sie nach Größe auf die Leine, lassen Sie auf beiden Seiten 5 cm Schnur überstehen.

Legen Sie die drei Schnüre auf den Tisch, die ‚Leine' mit den längsten Kleidungsstücken ganz oben.

Geben Sie Leim auf die Rückseite der Häuser und legen Sie sie auf die Schnüre. Auf Höhe der Schnüre die Häuser fest andrücken. Verschieben Sie das Gefüge, damit es nicht am Tisch festklebt. Vollständig trocknen lassen.

Bohren Sie Löcher in den Sockel und stecken Sie die Stiele der Häuser hinein.

Fünf Mädchen mit Luftballons

Material

Papierwickeldraht:
5 x 45 cm für die Mädchen
5 x 25 cm für die Luftballons

Papier:
5 unterschiedliche Bögen
5 Seidenpapierreste
in unterschiedlichen Farben

Sockel 30 cm (hier eine Baumrinde)

*Schablonen 24, 1:1
Seite 91*

Ausführung

Formen Sie die Mädchen nach der Schablone. Formen Sie jedes der Kleider ein wenig anders. Kleben Sie sie auf die Papierbögen, trocknen lassen und ausschneiden.

Formen Sie die Luftballons nach der Schablone. Kleben Sie sie auf die Seidenpapierreste. Gut trocknen lassen und ausschneiden.

Geben Sie Leim in die rechte Handfläche eines der Mädchen. Schieben Sie den Stiel des Luftballons hinein. Drücken Sie die Hand zusammen. Gut trocknen lassen.

Befestigen Sie die 4 anderen Luftballons ebenso.

Bereiten Sie die Löcher im Sockel vor und kleben Sie die Mädchen fest.

Am Himmelszelt

Ausführung

Formen Sie einen Stern mit 5 Zacken (siehe S. 14). Die Zacken haben eine Seitenlänge von je 1 cm. Kleben Sie ihn auf einen Papierbogen, trocknen lassen und ausschneiden.

Schneiden Sie für die Leiter 2 x 8 Zentimeter lange Abschnitte Draht ab. Schneiden Sie den Rest des Drahts in 1 cm lange Abschnitte. Legen Sie die beiden Seitenteile der Leiter in 0,8 cm Abstand nebeneinander. Nehmen Sie die Sprossen der Leiter mit einer Pinzette und geben Sie einen Tropfen Leim an die Enden. Kleben Sie die erste Sprosse knapp einen Zentimeter vom unteren Ende der Seitenteile auf. Falls die Seitenteile wegrutschen, halten Sie sie mit der Pinzette fest. Kleben Sie eine zweite Sprosse 1,5 cm vom oberen Ende der Leiter fest. Vollständig trocknen lassen.

Geben Sie nun Leim auf die Seitenteile. Setzen Sie mit der Pinzette die restlichen Sprossen auf die Seitenteile und kleben diese fest. Gut trocknen lassen.

Fertigen Sie den Planeten: Formen Sie eine Kugel in der Größe einer Nuss aus der Masse. Flachen Sie die Kugel auf einer Seite ab, indem Sie sie auf die Tischplatte drücken. Bohren Sie mit dem Draht die Löcher für die Leiter und den Stern vor. Lassen Sie die Masse nach Herstelleranleitung trocknen. Schleifen Sie die ausgehärtete Masse mit feinem Schleifpapier. Pusten Sie in die drei Löcher, um den Schleifstaub zu entfernen. Erweitern Sie die Löcher, falls nötig, mit einem Vorbohrer.

Kleben Sie den Stern und die Leiter auf den Sockel.

Auf einem weißen Planeten

Material

Papierwickeldraht:
    25 cm für die Leiter
    25 cm für den Stern

Papier:
    1 weißer Papierrest

Weiße, selbstaushärtende Masse

für den Stern:
Schablone 6, 1:1
Seite 80

Das Kind in den Wolken

Ausführung

Formen Sie nach der Schablone eine Figur mit 4 cm langen Armen, die linke Hand geöffnet.

Kleben Sie sie auf Textpapier, trocknen lassen und ausschneiden.

Formen Sie die Wolke nach der Schablone.

Kleben Sie die Wolke auf weißes Seidenpapier, trocknen lassen und ausschneiden.

Stecken Sie den Stiel der Wolke in die Hand des Kindes. Runden Sie ihn ab und kleben das Ende auf die Rückseite des Kindes. Geben Sie etwas Kleber in die Hand des Kindes und drücken Sie sie mit der Zange um den Stiel zusammen.

Befestigen Sie die Figur auf dem Sockel.

Material

Papierwickeldraht:
   45 cm für das Kind
   30 cm für die Wolke

Papier:
   1 Blatt Textpapier
   Weißes Seidenpapier

5 cm langer Sockel

Schablonen 22, 1:1
Seite 89

*Immer größer werden ...
bis zu den Wolken
reichen!*

Im Mondschein träumen

Ausführung

Formen Sie die Figur nach der Schablone. Kleben Sie sie aufs Papier, trocknen lassen und ausschneiden. Bringen Sie an der Figur beidseitig die Arme an.

Formen Sie den Mond nach der Schablone. Zwicken Sie den überstehenden Draht ab. Kleben Sie den Mond auf das Seidenpapier, trocknen lassen und ausschneiden. Kleben Sie etwas Nylonfaden hinter den Mond.

Bohren Sie mit einem Vorbohrer ein Loch in den Karton, ziehen Sie den Nylonfaden für den Mond durch das Loch, knicken ihn und kleben ca. 1 cm des Fadens auf den Karton. Geben Sie Leim auf die Außenseite des Kartons. Kleben Sie den Papierstreifen rundum.

Formen Sie mithilfe der Schablone aus einem Draht oder einer Büroklammer eine Befestigung. Zwicken Sie den überstehenden Draht ab.

Bohren Sie mit einem kleinen Vorbohrer 2 Löcher in 1 cm Abstand in die Rundung des Kartons. Ziehen Sie den Draht durch die Löcher. Mit der Zange den Draht an beiden Enden zur Seite biegen (siehe Foto).

Geben Sie Leim unter die Füße der Figur. Kleben Sie sie auf die Innenseite des Kreises. 30 Sekunden andrücken. Gut trocknen lassen.

Biegen Sie die Figur auf dem Karton zurecht. Fügen Sie eventuell etwas Leim auf die Kontaktstellen zwischen Figur und Karton.

Material

Papierwickeldraht:
 55 cm für die Figur
 7 cm für den Mond

Papier:
 1 Bogen für die Figur
 Weißes Seidenpapier für den Mond
 1 Streifen 2 x 32 cm

1 Stück eines Kartonrohrs mit 10 cm Durchmesser und 2 cm Stärke

Draht oder Metallbüroklammer

Nylonfaden oder feiner Draht

*Schablonen 21, 1:1
Seite 89*

Trapezengel

Ausführung

Bei diesem Modell ist die Vorder- und Rückseite zu sehen. Daher muss die Rückseite ebenso gelungen aussehen wie die Vorderseite.

Formen Sie die Wolke nach der Schablone. Kleben Sie sie auf einen Papierbogen, trocknen lassen und ausschneiden.

Formen Sie die beiden Engel nach den Schablonen. Lassen Sie die Hände geöffnet. Kleben Sie sie auf die beiden anderen Papierbögen. Trocknen lassen und ausschneiden.

Geben Sie Leim rund um die Wolke. Kleben Sie den Draht rundum. Schneiden Sie den überstehenden Draht ab. Trocknen lassen.

Geben Sie Leim auf das Kleid des großen Engels. Kleben Sie den Draht rundum. Schneiden Sie den überstehenden Draht ab. Trocknen lassen. Verfahren Sie ebenso mit der Rückseite des Kleides des kleinen Engels.

Falten Sie das Pauspapier zur Hälfte. Übertragen Sie die Flügel der beiden Engel durch Falten entlang der Punktierung. Schneiden Sie die Flügel aus, ohne diese aufzufalten. Öffnen Sie sie und geben Sie etwas Leim auf den Falz. Kleben Sie die Flügel den Engeln auf den Rücken. Geben Sie etwas Leim in die Hand des großen Engels. Schieben Sie die Hände des kleinen Engels in die des großen. Zwicken Sie die Hände zusammen. Gut trocknen lassen.

Bohren Sie mit einem kleinen Vorbohrer ein Loch in die Wolke, wie auf der Schablone angegeben. Ziehen Sie die Fäden in jedes der Löcher und verleimen die Enden.

Verfahren Sie ebenso mit dem Faden zum Aufhängen. Formen Sie eine Schlaufe am Ende der Schnur. Verknoten Sie die Schnüre am Trapez und verstärken Sie die Verbindung mit Leim.

Schneiden Sie 6 Sterne von Hand oder mit einem Stanzer aus. Leimen Sie jeweils zwei zusammen mit der Schnur zum Aufhängen dazwischen.

Knicken Sie die Füße und die Beine des großen Engels. Geben Sie Leim in die Kniekehlen. Hängen Sie den Engel an das Trapez. 30 Sekunden andrücken. Gut trocknen lassen.

Material

Papierwickeldraht:
   2 x 50 cm für die Wolke
   60 cm und 20 cm für den großen Engel
   45 cm und 13 cm für den kleinen Engel

Papier:
   3 Bögen
   1 Stück Pauspapier oder weißes Seidenpapier für die Flügel 1 Papierrest für die Sterne

Feine Schnur:
   2 x 10 cm für das Trapez

30 cm zum Aufhängen
(oder mehr, nach Belieben)

1 Holzstöckchen, 8 cm lang

Schablonen 25, 1:1
Seite 92

Hauchzartes Mobile

Ausführung

Decken Sie Ihren Tisch mit einer Plastikfolie oder mit einer Wachstuchtischdecke ab.

Bereiten Sie das Konfetti vor: Fertigen Sie mit dem Locher Konfetti, und stanzen Sie Sterne, Herzen und Kreise aus bunten Papierresten aus.

Bereiten Sie den Leim zu: Lösen Sie 10 cl Leim in ebenso viel Wasser auf. Gut mischen.

Bereiten Sie das Papier vor: Legen Sie einen Seidenpapierbogen auf den Tisch. Tragen Sie mit einem Pinsel den verdünnten Leim in einer feinen Schicht auf. Sollte der Leim nicht überall gleichmäßig verteilt sein, ist das nicht weiter schlimm.

Streuen Sie Konfetti auf das Blatt. Überdecken Sie es mit dem zweiten Blatt. Drücken Sie die Luft mit den Händen vorsichtig heraus. Hängen Sie das Ganze mit Wäscheklammern an einer gespannten Schnur auf. Gut trocknen lassen.

Bearbeiten Sie bei diesem ersten Teil das Papier zügig, damit es nicht reißt.

Formen Sie die Figuren. Lassen Sie die Hände geöffnet, damit Sie den Spieß hineinschieben können. Kleben Sie sie auf das Papier, trocknen lassen und ausschneiden. Falls zwischen den Papierbögen Öffnungen sind, schließen Sie sie mit etwas Leim. Trocknen lassen.

Geben Sie auf die Rückseite der Kleidung etwas Leim. Kleben Sie den ummantelten Draht fest und drücken ihn mit dem Finger an. Schneiden Sie den überstehenden Draht ab. Trocknen lassen.

Bereiten Sie das Mobile vor. Fertigen Sie eine Schlaufe auf beiden Seiten der Schnur. Fertigen Sie das Mobile wie auf dem Foto. Richten Sie die Schnüre und die Figuren für das Gleichgewicht aus. Sobald das Mobile ausgerichtet ist, geben Sie etwas Leim in die Hände der Figuren und zwicken diese zusammen.

Das Mobile trocknen lassen und aufhängen.

Material

Papierwickeldraht:
3 x 60 cm und 3 x 15 cm

Papier:
2 weiße Seidenpapierbögen A4
Weiße und bunte Papierreste

2 Schaschlikspieße, 15 cm

2 x 25 cm feines Garn

Schablonen 26, 1:1
Seite 92

Ausführung

Formen Sie das Kind und den Erwachsenen nach der Schablone. Kleben Sie die Figuren auf die Papierbögen, trocknen lassen und ausschneiden.

Formen Sie einen Stern mit 5 Zacken (siehe S. 14). Die Zacken haben eine Seitenlänge von 1 cm. Kleben Sie den Stern auf das Seidenpapier, trocknen lassen und ausschneiden. Zwicken Sie den Stiel 4 cm vor dem Stern ab. Runden Sie die Form etwas ab.

Formen Sie mit einem Draht oder einer Büroklammer nach der Schablone eine Befestigung. Zwicken Sie den überstehenden Draht ab.

Bohren Sie mit einem kleinen Vorbohrer 2 Löcher in 1 cm Abstand in die Rundung des Kartons. Ziehen Sie den Draht durch die Löcher. Mit der Zange den Draht an beiden Enden zur Seite biegen (siehe Foto).

Bohren Sie 6 cm von der Befestigung mit dem Vorbohrer ein Loch in den Karton. Achten Sie darauf, den Karton nicht vollständig zu durchbohren. Geben Sie Leim auf das Ende des Stiels des Sterns, schieben Sie ihn in das Loch und drücken ihn 30 Sekunden an.

Biegen Sie die Figuren in die Sitzposition. Biegen Sie ihre Füße nach vorne. Kleben Sie die Figuren in der Mitte des Kreises aneinander. Gut trocknen lassen.

Biegen Sie den rechten Arm und die Hand der großen Figur und kleben Sie die Hand auf den Karton für mehr Stabilität. Biegen Sie den anderen Arm so, dass Sie ihn um das Kind legen können. Heben Sie den linken Arm des Kindes.

Sternschnuppen zählen

Material

Papierwickeldraht:
55 cm für den Erwachsenen
40 cm für das Kind
18 cm für den Stern

Papier:
2 kontrastierende Papierbögen
Weißes Seidenpapier

1 Stück eines Kartonrohrs mit 15 cm Durchmesser und 3 cm Stärke

Draht oder Metallbüroklammer

*Schablonen 27, 1:1
Seite 93*

Das Boot im Himmel

Die Flugtüchtigen der Vögel

tragen das kleine Segelboot durch die Lüfte,

wo es aufregenden Abenteuern

entgegenschwebt.

Ausführung

Formen Sie die Figuren nach der Schablone. Kleben Sie sie auf das Papier. Trocknen lassen und ausschneiden.

Geben Sie etwas Leim rundum auf die Rückseite der Figuren. Kleben Sie den ummantelten Draht auf und formen ihn dabei. Drücken Sie ihn dabei gegen den Leim. Das kann etwas kniffelig sein. Trocknen lassen und den überstehenden Draht abzwicken.

Formen Sie die Vögel und den Stern. Kleben Sie sie auf die weißen Papierreste. Trocknen lassen und ausschneiden. Ziehen Sie auf der Rückseite aller Teile mit dem schwarzen Filzstift die Umrisse nach.

Formen Sie die beiden Seiten des Rumpfes. Kleben Sie sie auf die Straßenkarte. Wählen Sie einen Ausschnitt mit Wasser und Land. Gut trocknen lassen und ausschneiden. Falten Sie den Rumpf und verleimen Sie den Rand von Bug und Heck. Die Oberseite des Rumpfes bleibt geöffnet.

Knicken Sie den Draht für die Segel. Formen Sie in der Mitte eine Schleife. Formen Sie oben am Mast ebenfalls eine Schleife.

Kleben Sie die Figuren jeweils auf eine Seite in das Innere des Boots. Kleben Sie den unteren Teil des Segels ein und drücken Sie die beiden Seiten des Rumpfes 30 Sekunden an.

Zwicken Sie den überstehenden Draht des Mastes ab, damit seine Schlinge auf derselben Höhe wie die Schlinge des Segels ist.

Platzieren Sie die Vögel und den Stern rund um den Mast. Tragen Sie unten Leim auf die Stiele auf. Schieben Sie sie in den Rumpf. Drücken Sie die beiden Seiten des Rumpfes 30 Sekunden lang zusammen. Gut trocknen lassen.

Befestigen Sie die dünne Schnur um die Schlingen von Segel und Mast. Fixieren Sie sie mit etwas Leim. Formen Sie die Stiele der Vögel und des Sterns, damit sie in unterschiedlichen Positionen sind.

Material

Papierwickeldraht:
- 4 x 15 cm für die Figuren
- 5 x 25 cm für die Vögel
- 30 cm für den Stern
- 2 x 35 cm für den Rumpf
- 30 cm für die Segel
- 15 cm für den Mast

Papier:
- 1 Stück Straßenkarte einer Küstenregion
- 2 Papierreste für die Figuren
- 6 weiße, bedruckte oder unbedruckte Papierreste für die Vögel und den Stern

20 cm dünne Schnur

Feiner, schwarzer Filzstift

Schablonen 28, 1:1
Seite 94

Hauchschöne Geschenkideen

Ausführung

Formen Sie die Figur nach der Schablone. Lassen Sie beide Hände geöffnet. Kleben Sie die Figur aufs Papier, trocknen lassen und ausschneiden.

Bringen Sie an der Figur beidseitig die Arme an, biegen Sie sie und öffnen Sie die Hände. Biegen Sie die Knie zu den Händen.

Fertigen Sie 4 Bücher mit folgender Technik: Falten Sie jeden Papierstreifen zur Hälfte, dann noch einmal – oder legen Sie die 9 cm langen Streifen übereinander und falten diese dreimal. Fixieren Sie den letzten Falz mit dem Tacker.

Schneiden Sie den äußeren Rand der Buchseiten ab. Kleben Sie die beiden mittleren Seiten zusammen, um die Tackerklammer im Innern des Buches zu verstecken.

Nageln Sie das 14 cm große Brettchen mit dem 11 cm großen im rechten Winkel zusammen, ohne die Nägel vollständig einzuschlagen. Lassen Sie genug Platz, um die Kante des 14 cm großen Bretts mit Leim einstreichen zu können. Geben Sie Leim zwischen die Bretter und schlagen Sie die Nägel vollständig ein. Gut trocknen lassen.

Setzen Sie die Figuren auf das 11 cm große Brett, spreizen Sie ihre Beine und kleben Sie sie fest. Geben Sie ebenfalls Leim auf alle Berührungspunkte der Figuren mit den Brettern. 30 Sekunden andrücken. Gut trocknen lassen.

Kleben Sie 3 Bücher um die Figur herum auf den Boden und ein 4. Buch in die Hand des Lesers. 30 Sekunden andrücken. Gut trocknen lassen. Biegen Sie, falls nötig, die Hände etwas, damit das Buch geöffnet bleibt.

Fertigen Sie eine zweite Buchstütze auf dieselbe Art

Material

Papierwickeldraht:
  50 cm für die Figuren

Papier:
  1 Bogen für die Figur, 4 unterschiedliche Streifen:
  2 x 18 cm oder 4 x 2 Streifen von 2 x 9 cm Länge

1 Tacker

Zwei Holzbretter, min. 0,8 cm Stärke
  1 x 7 x 14 cm
  1 x 7 x 11 cm
  3 Sockelleistenstifte

Schablonen 16, 1:1
Seite 86

Buchstützen

Das Boot in der Dose

*Die nebelmischen, immer hungrigen Möwen
folgen dem Fischkutter auf seinem gemächlichen Weg
über die Wellen.*

Material

Papierwickeldraht:
9 cm + 6 cm + 2,5 cm für das Boot
13 cm für den Vogel

Papier:
3 Reste in kontrastierenden Farben für das Boot
Reste für den Fisch
Weißes Seidenpapier für den Vogel

4 cm Draht für die Angelrute

4 cm Nähgarn

1 leere, fettfreie Sardinendose

1 weißer Lackmarker

*Schablonen 17, 1:1
Seite 86*

Ausführung

Zeichnen Sie mit einem Lackmarker einige fliegende Vögel auf den Boden der Dose. Gut trocknen lassen.

Formen Sie die 3 Teile des Boots nach der Schablone. Kleben Sie sie auf das kontrastfarbene Papier. Gut trocknen lassen. Schneiden Sie das Papier nach der Schablone aus. Kleben Sie den Schornstein hinter das Steuerhaus und das Steuerhaus hinter den Rumpf. Stanzen Sie 5 Kreise für die Bullaugen aus Papierresten aus. Kleben Sie sie auf Rumpf und Steuerhaus des Boots. Gut trocknen lassen, anschließend den Umriss mit Filzstift betonen.

Schneiden Sie aus einem Papierrest einen ganz kleinen Fisch aus, kleben Sie ihn an das Ende des Nähgarns. Kleben Sie das andere Ende des Nähgarns an die Angelrute. Trocknen lassen. Kleben Sie die Angelrute hinter den Bootsrumpf. 30 Sekunden andrücken. Gut trocknen lassen.

Formen Sie den Vogel nach der Schablone. Formen Sie eine Spirale am Ende des Stiels. Die Spirale nicht zu sehr zuziehen. Kleben Sie den Vogel auf das Seidenpapier. Trocknen lassen. Ausschneiden. Biegen Sie die Spirale in die Horizontale, damit der Vogel gut auf der Dose hält.

Schlagen Sie den ummantelten Draht an der Basis des Rumpfs im rechten Winkel nach hinten um. Kleben Sie ihn auf die Dose. 30 Sekunden andrücken. Gut trocknen lassen.

Geben Sie Leim auf die Spirale des Vogels. Kleben Sie sie neben das Boot. 30 Sekunden andrücken.

Falls Sie die Dose aufhängen möchten, können Sie einen Aufhänger an der Rückseite anbringen (Seite 60 und 63). Bringen Sie die Aufhängung an, bevor Sie alle Elemente festkleben.

Eine Miniatur

Wie durch Magie birgt eine einfache Streichholzschachtel einen kleinen Schatz.

Ausführung

Formen Sie die Figur nach der Schablone.

Kleben Sie sie auf 2 unterschiedliche Papierreste. Verwenden Sie weißes Papier für den Kopf, bedrucktes für den Körper. Gut trocken lassen und ausschneiden.

Schneiden Sie von Hand oder mit einem Stanzer einen Stern aus dem dritten Papierrest aus. Kleben Sie ihn auf den Boden der Streichholzschachtel. Zeichnen Sie den Umriss mit einem feinen Filzstift nach.

Biegen Sie die Füße der Figur. Kleben Sie sie an der schmalen Innenseite der Schublade fest, ohne dass die Figur den Schachtelboden berührt. 30 Sekunden andrücken.

Geben Sie Leim auf die Streichholzschachtel. Kleben Sie das Papier rundum. Gut trocknen lassen.

Material

Papierwickeldraht:
  20 cm für die Figur

Papier:
  3 Reste für die Figur und den Stern
  1 Rechteck 5,5 x 10,5 cm für die Schachtel

1 Streichholzschachtel

Schablonen 29, 1:1
Seite 94

Ausführung

Fertigen des Kastens:
Der Kasten auf der Abbildung ist 11 cm breit, 23 cm lang und 3,5 cm hoch.

Nehmen Sie die Innenmaße von einem der Ränder des Schuhkartondeckels. Schneiden Sie einen Streifen in derselben Länge mit der doppelten Höhe des Deckelrands. Geben Sie Leim auf die Innen-und Außenseite des Rands und etwas rund um den Boden. Kleben Sie den Streifen auf die Kante und beidseitig auf den Rand, sodass er über den Boden lappt. Formen Sie den Falz mit den Fingern. Wiederholen Sie den Vorgang an den 3 anderen Seiten.

Nehmen Sie das äußere Maß der langen Seiten. Schneiden Sie 2 Streifen in derselben Breite und derselben Länge + 2 cm. Bei der Schachtel auf der Abbildung sind die Streifen 3,5 cm breit und 25 cm lang (23 + 2 cm). Geben Sie Leim auf den ersten Rand und auch etwas auf die kurzen Seiten. Kleben Sie den Streifen auf den Rand. Schlagen Sie den Überstand auf die kurzen Seiten um. Verfahren Sie mit der gegenüberliegenden Seite ebenso.

Schneiden Sie 2 Papierstreifen in derselben Größe wie die kurzen Außenränder aus: Bei der abgebildeten Schachtel sind die Streifen 11 cm x 3,5 cm. Kleben Sie sie auf die kurzen Seiten.

Nehmen Sie die Innenmaße des Schachtelbodens und schneiden Sie ein Rechteck in derselben Größe aus demselben Papierbogen. Geben Sie Leim auf den Schachtelboden. Legen Sie das Papier darauf. Gut glätten.

Fertigen Sie die Unterteilungen:
Schneiden Sie einen Kartonstreifen in der Länge der Schachtel und etwas geringerer Breite als die Höhe des Deckels. Schneiden Sie für die waagrechte Unterteilung 2 Kartonstreifen, deren Länge der Breite der Schachtel entspricht. Die Streifenbreite ist etwas geringer als die Höhe des Deckels.

Überkleben Sie sie mit Papierstreifen derselben Länge und der doppelten Breite. Gut trocknen lassen.

Schneiden Sie in der Mitte der beiden kleinen Streifen mit einem Cutter einen Schlitz in 2 mm Breite und einer Länge, die der Hälfte der Breite des Streifens entspricht. Bringen Sie an dem großen Streifen 2 Einschnitte in gleichmäßigen Abständen an. Bauen Sie die Fächer, indem Sie die Einschnitte zusammenstecken.

Setzen Sie die Fächer in den Kasten. Schneiden Sie, falls nötig, überstehenden Karton ab, damit Sie die Fächer gut einpassen können. Wenn die Fächer gut eingepasst sind, nehmen Sie sie heraus, geben Leim auf die Unterkante und setzen sie wieder ein. 30 Sekunden andrücken. Lassen Sie den Kasten vollständig trocknen.

Fertigen der Insekten:
Formen Sie jedes Insekt nach der Schablone. Kleben Sie sie auf einen Papierbogen, trocknen lassen und ausschneiden. Bemalen Sie die Insekten mit gut verdünnten Farben, damit die Schrift sichtbar bleibt. Gut trocknen lassen.

Schneiden Sie für die Libelle 7 cm Papierwickeldraht ab. Knicken Sie ihn zur Hälfte, verdrehen ihn und ziehen die Enden auseinander. Biegen Sie den Schwanz nach oben. Kleben Sie die Flügel auf den Körper. Gut trocknen lassen. Biegen Sie die Flügel ein wenig nach oben. Kleben Sie beim Schmetterling den Körper auf die Flügel. Gut trocknen lassen. Biegen Sie die Flügel ein wenig nach oben.

Schneiden Sie für die anderen Insekten die Füße aus dem ummantelten Draht: 3 x 3,5 cm für jedes Insekt. Formen Sie sie als V. Legen Sie das Insekt auf den Rücken. Geben Sie Leim auf seinen Bauch, die Füßchen aufkleben und andrücken. Die Füße sind gerundet. 30 Sekunden andrücken. Gut trocknen lassen. Biegen Sie die Füße der Insekten nach dem Durchtrocknen, damit sie plastischer wirken. Schneiden Sie für die Biene die beiden Flügel aus Seidenpapier aus. Kleben Sie sie parallel zum Körper auf.

Setzen Sie die Insekten in den Kasten:
Überzeugen Sie sich, dass alle Beinchen den Boden des Kastens berühren. Falls nötig kürzen Sie sie.

Beginnen Sie mit dem Festkleben der Libelle und des Schmetterlings. Geben Sie Leim auf ihren Bauch, setzen Sie sie in ihr Fach, 30 Sekunden andrücken. Achten Sie darauf, dass sie nicht zur Seite kippen. Geben Sie einen Tropfen Leim auf die Füße der anderen Insekten und setzen Sie sie in ihre Fächer. Drücken Sie leicht auf den Rücken, dann bis zum vollständigen Durchtrocknen nicht mehr berühren.

Insektenkasten

Libelle, Schmetterling,
Biene und Feuerwanze ...
unentbehrlich
für den begeisterten Sammler

Material

Papierwickeldraht:
  20 cm für die Insekten

Papier:
  3 Papierreste für die Insekten
  Für einen 11 cm breiten, 23 cm langen und 3,5 cm hohen Deckel:
  1 Rechteck 11 cm x 23 cm
  3 Rechtecke, 23 cm x 7 cm
  4 Rechtecke 11 cm x 7 cm
  2 Rechtecke, 25 x 3,5 cm
  2 Rechtecke, 11 x 3,5 cm

Karton:
  2 Steifen, 11 x 3,5 cm
  1 Streifen, 23 x 3,5 cm

Deckel eines kleinen Schuhkartons

Schablonen 30, 1:1
Seite 95

Ausführung

Fertigen Sie das Büchlein:

Mit den 3 Kraftpapierbögen A4: Schneiden Sie sie durch, um 6 Rechtecke in der Größe 15 x 21 cm zu erhalten. Kleben Sie sie zusammen und lassen Sie sie 1 cm überlappen. Gut trocknen lassen.

Mit dem 14,5 x 60 cm langen Streifen: Falten Sie ihn zweimal zur Hälfte. Öffnen Sie den Streifen und falten ihn als Akkordeon mithilfe der vorgefertigten Falze. Kleben Sie die 2 Kartonrechtecke vorne und hinten auf den Leporello als Titel. Verwenden Sie möglichst einen Klebestift.

Fertigen der Blätter:

Formen Sie die Umrisse der Blätter nach den Schablonen. Kleben Sie sie auf 5 verschiedene Papierbögen. Kleben Sie die Blattadern auf. Trocknen lassen und ausschneiden.

Kleben Sie für die Tanne den zentralen Zweig (Papierwickeldraht 8 cm) direkt auf eine Seite des Leporellos. Biegen Sie den anderen 8 cm langen Draht in der Mitte um und verdrehen Sie die beiden Teile. Kleben Sie ihn an den zentralen Zweig wie auf dem Foto. Biegen Sie das 6 cm lange Stück für die Knospen sechsmal wie eine Ziehharmonika.

Drücken Sie die Unterseite des Ganzen mit der Zange zusammen, dann die Knospen mithilfe einer Flachzange. Kleben Sie die Knospen oben an den Zweig. Geben Sie Leim auf das Papier rund um

Blätterleporello

den Zweig. Legen Sie die Tannennadeln rundum, die längeren sollten unten sein. Setzen Sie ein paar kleine Nadeln auf die Knospen. Kleben Sie die Blätter auf die Seiten des Leporellos. Lassen Sie am Seitenende Platz für das Etikett. Gut trocknen lassen.

Schneiden Sie die Etiketten aus Papierresten aus oder verwenden Sie fertige Etiketten und schreiben Sie den Namen des Baumes darauf. Sie können auch hübsche Etiketten mit dem Computer ausdrucken und dann ausschneiden. Kleben Sie jedes Etikett unter das entsprechende Blatt. Fertigen Sie ein Etikett für den Titel.

Zeichnen Sie mit einem feinen schwarzen Filzstift Freihand einen Rahmen um jede Seite des Leporellos.

Material

Papierwickeldraht:

30 cm + 6 cm für das Eichenblatt
75 cm für das Robinienblatt
30 cm + 7 cm für das Lindenblatt
36 cm + 7 cm + 2 x 6 cm + 2 x 4 cm für das Blatt des Amberbaums
2 x 8 cm + 6 cm + 50 Stück 2 bis 3 cm für die Tanne
30 cm für das Ginkgoblatt

Papier:

1 Streifen Kraftpapier 14,5 x 60 cm oder 3 Bögen A4
5 verschiedene Papierbögen in hellerem Farbton als das Kraftpapier
2 Kartonrechtecke 10 x 14,5 cm
Papierreste zum Herstellen der Etiketten oder fertige Etiketten

Schablonen 31, 1:1
Seite 95

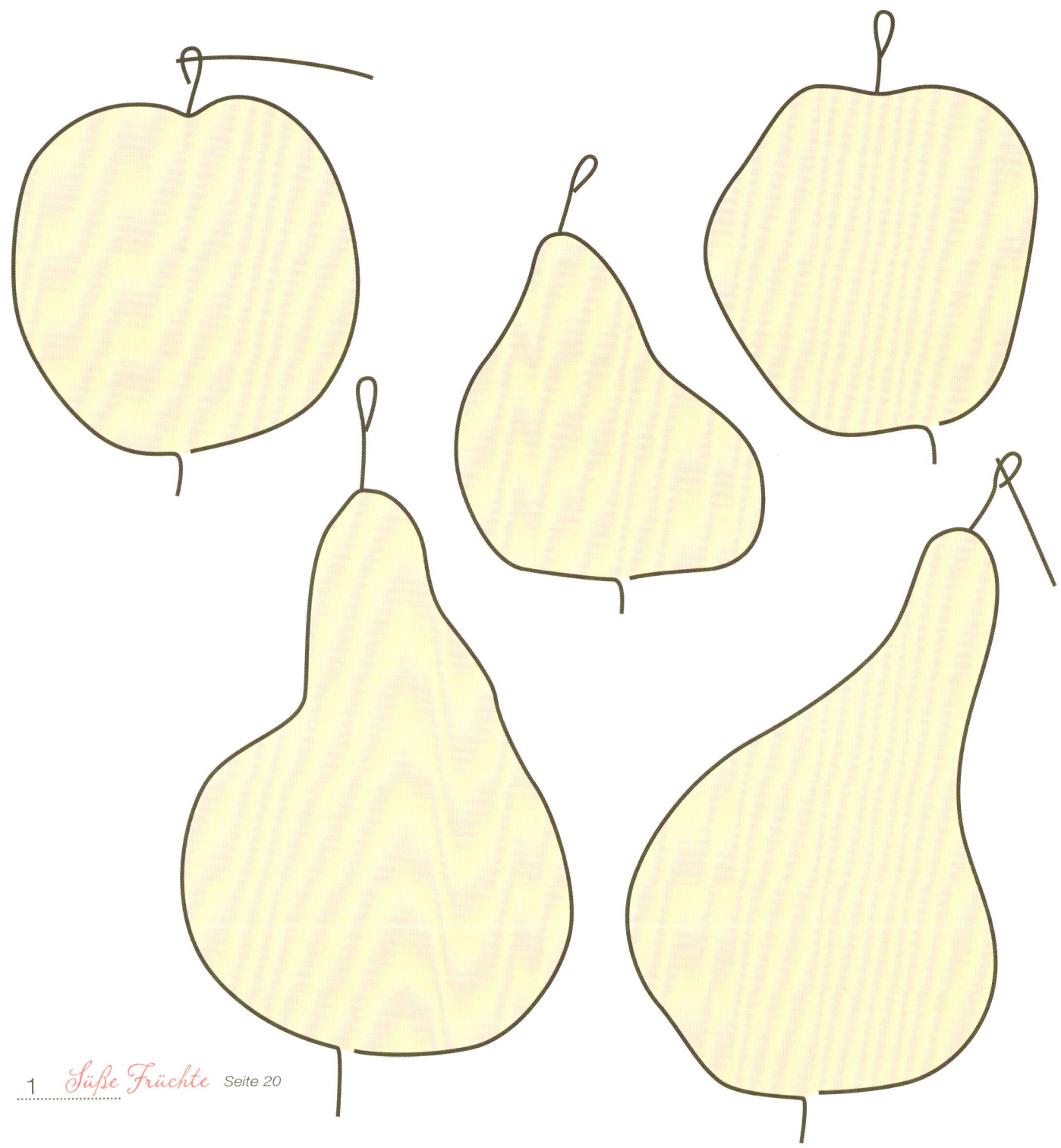

1 Süße Früchte Seite 20

Die Schablonen

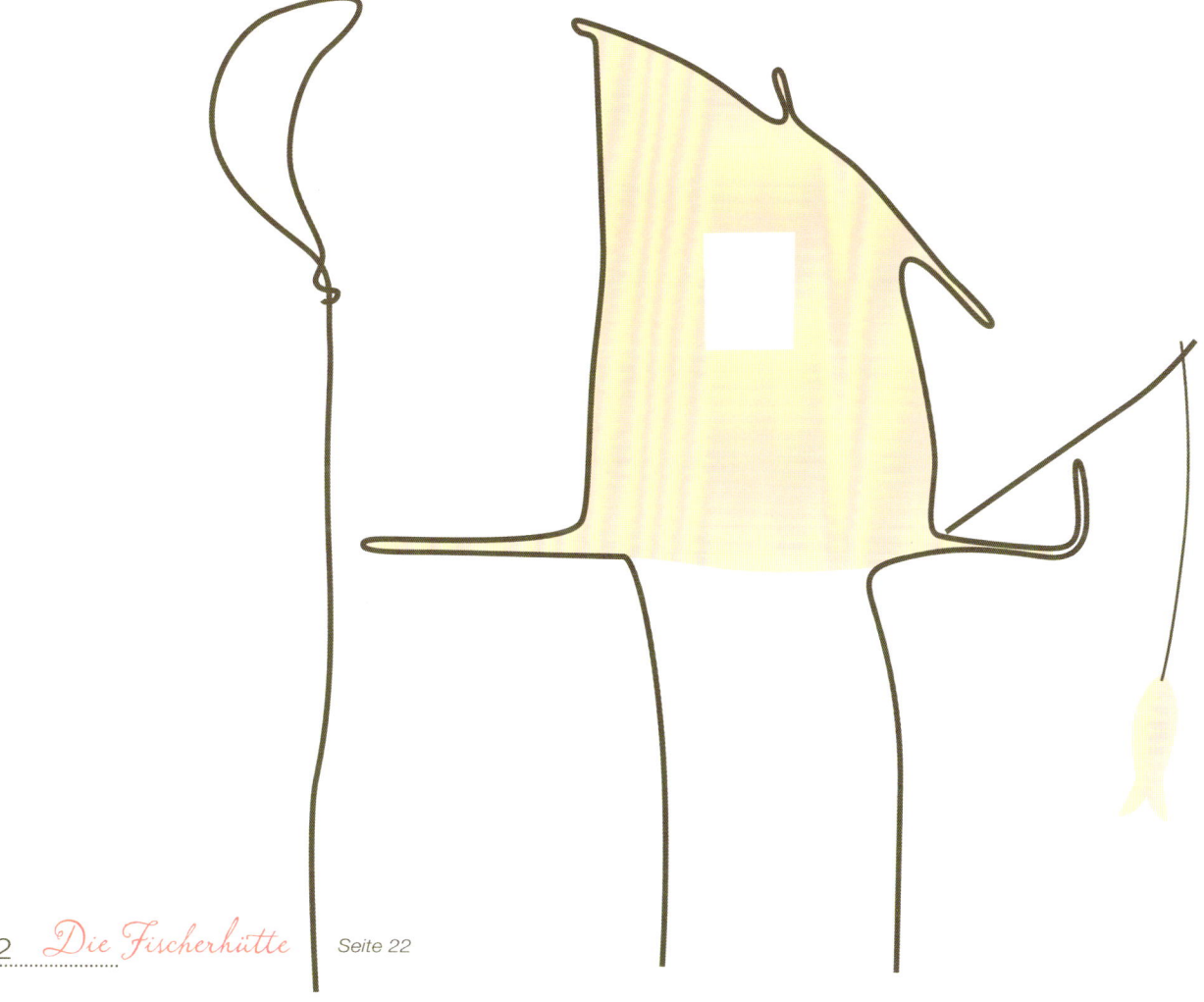

2 Die Fischerhütte   Seite 22

3 *Eine Flussfahrt* Seite 24

4 *Der Gemüsegarten* Seite 26

5 *Die Pinguine* Seite 28

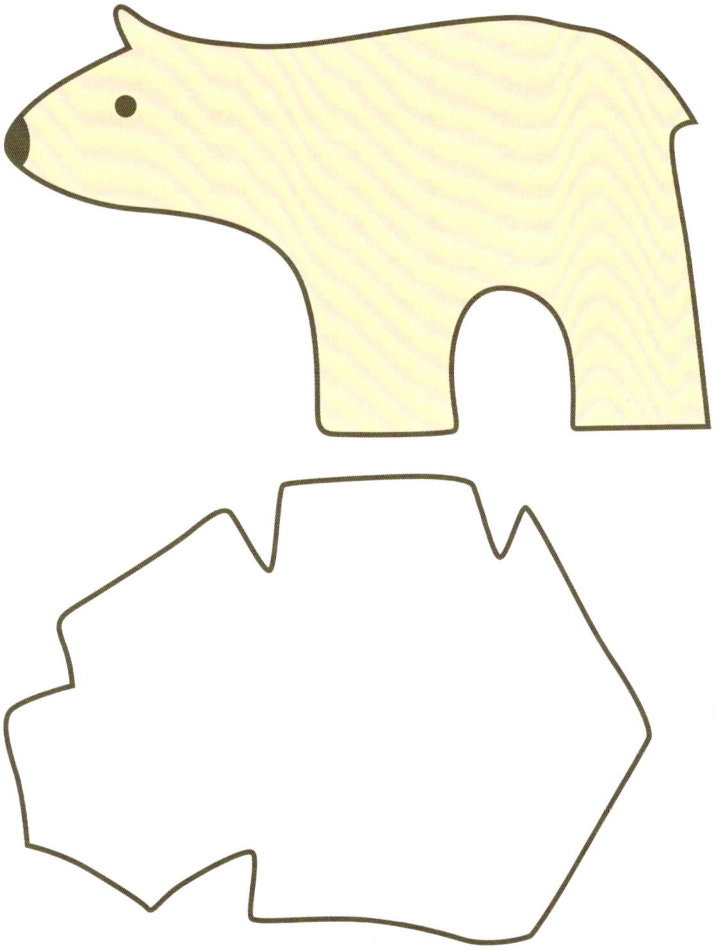

7 *Das Einrad* Seite 31

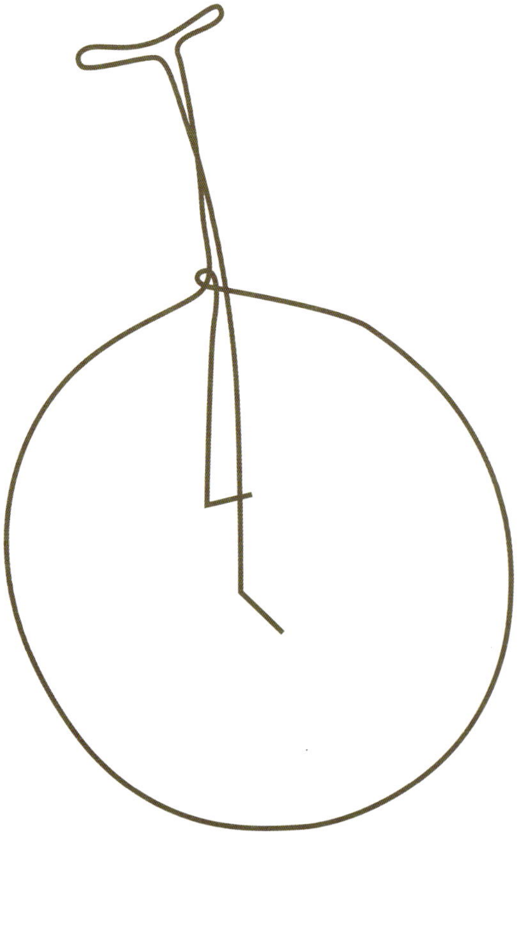

6 *Der Eisbär auf dem Packeis* Seite 30

8 *Herbststurm* Seite 32

10 *Vogel auf dem Ast* Seite 34

9 *Auf dem Teich* Seite 34

11 *Unter den Lampions* Seite 38

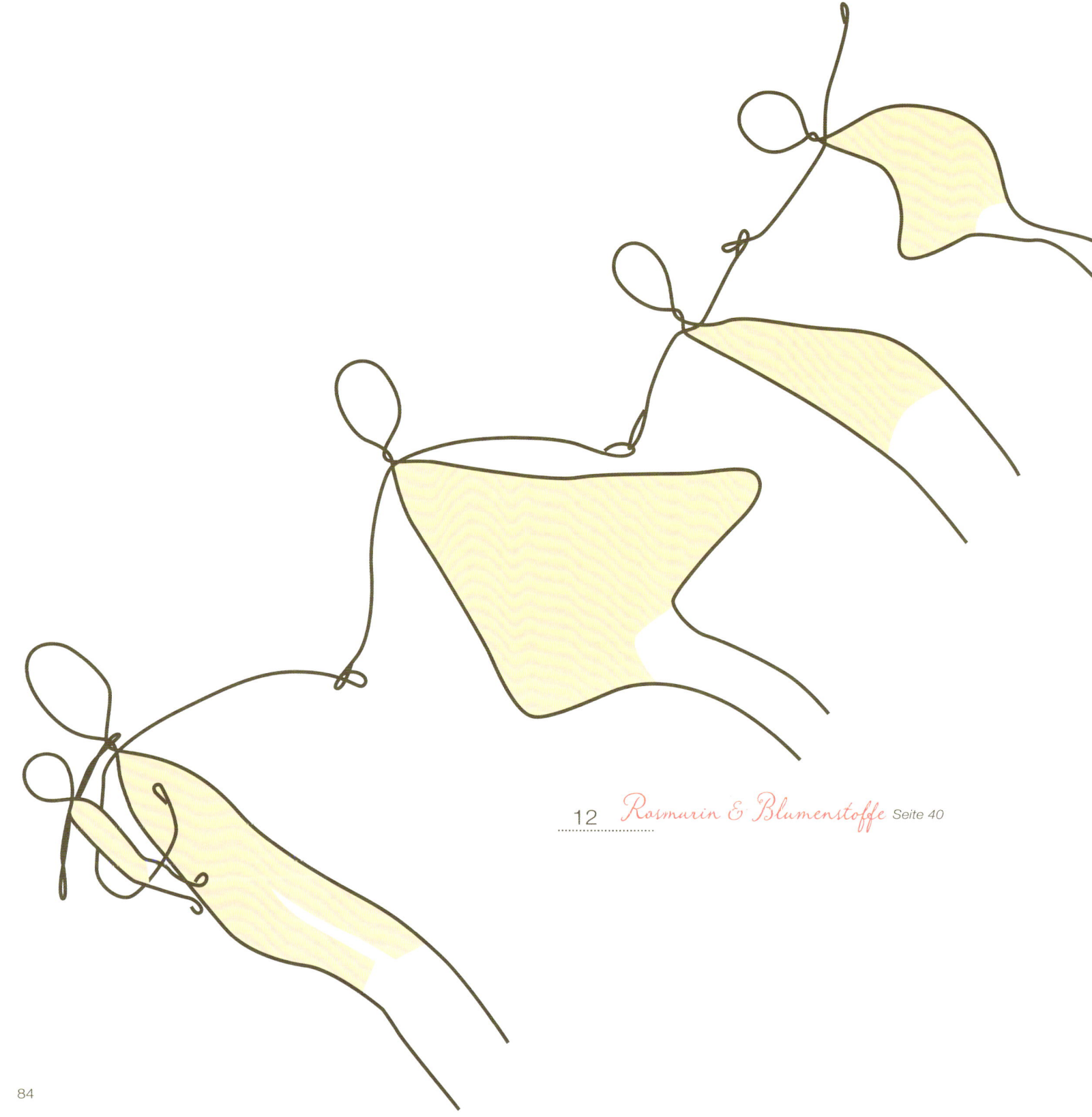

12 *Rosmarin & Blumenstoffe* Seite 40

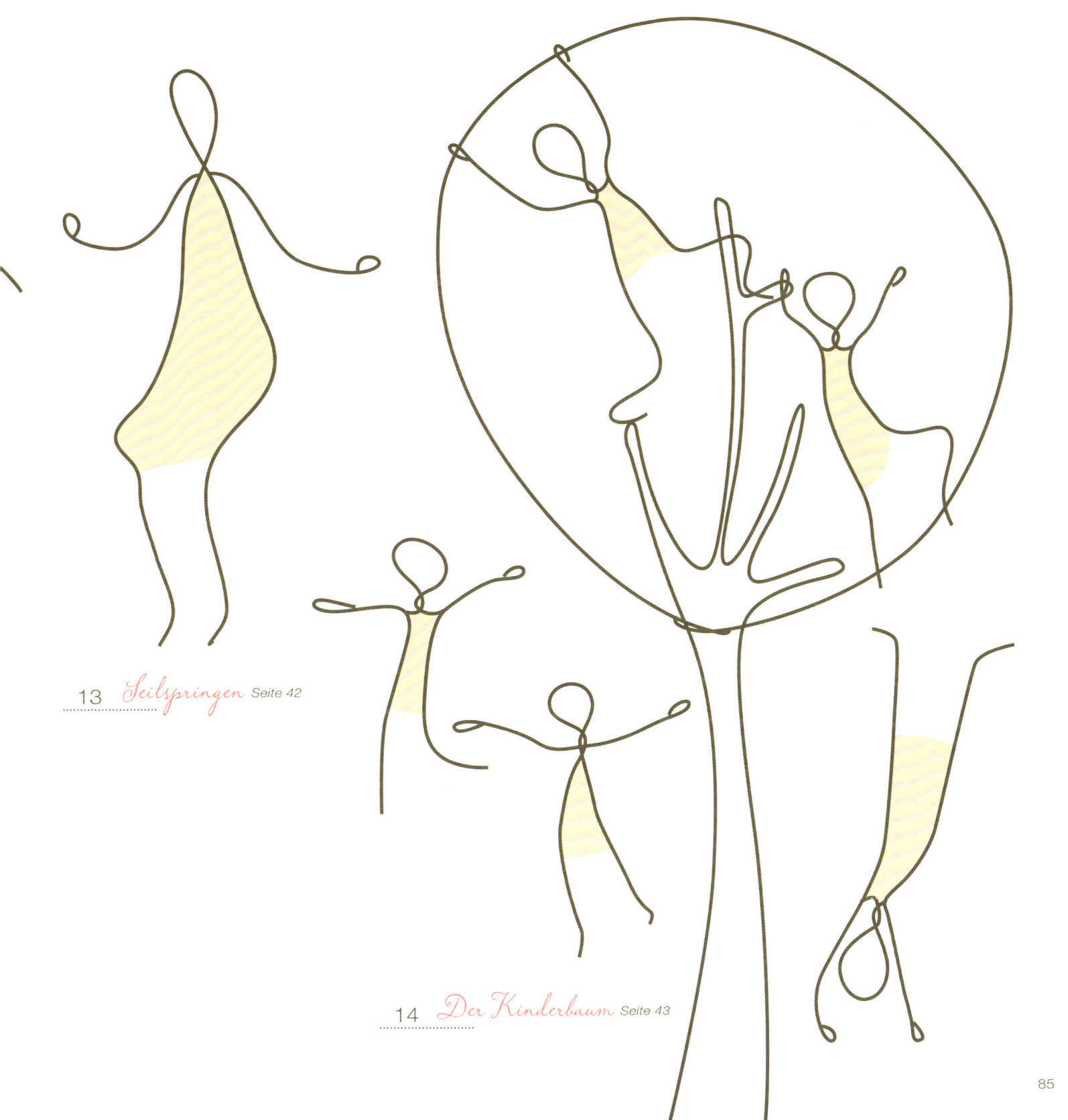

13 *Seilspringen* Seite 42

14 *Der Kinderbaum* Seite 43

15 *Liebeserklärung* Seite 44

16 *Buchstützen* Seite 68

17 *Das Boot in der Dose* Seite 70

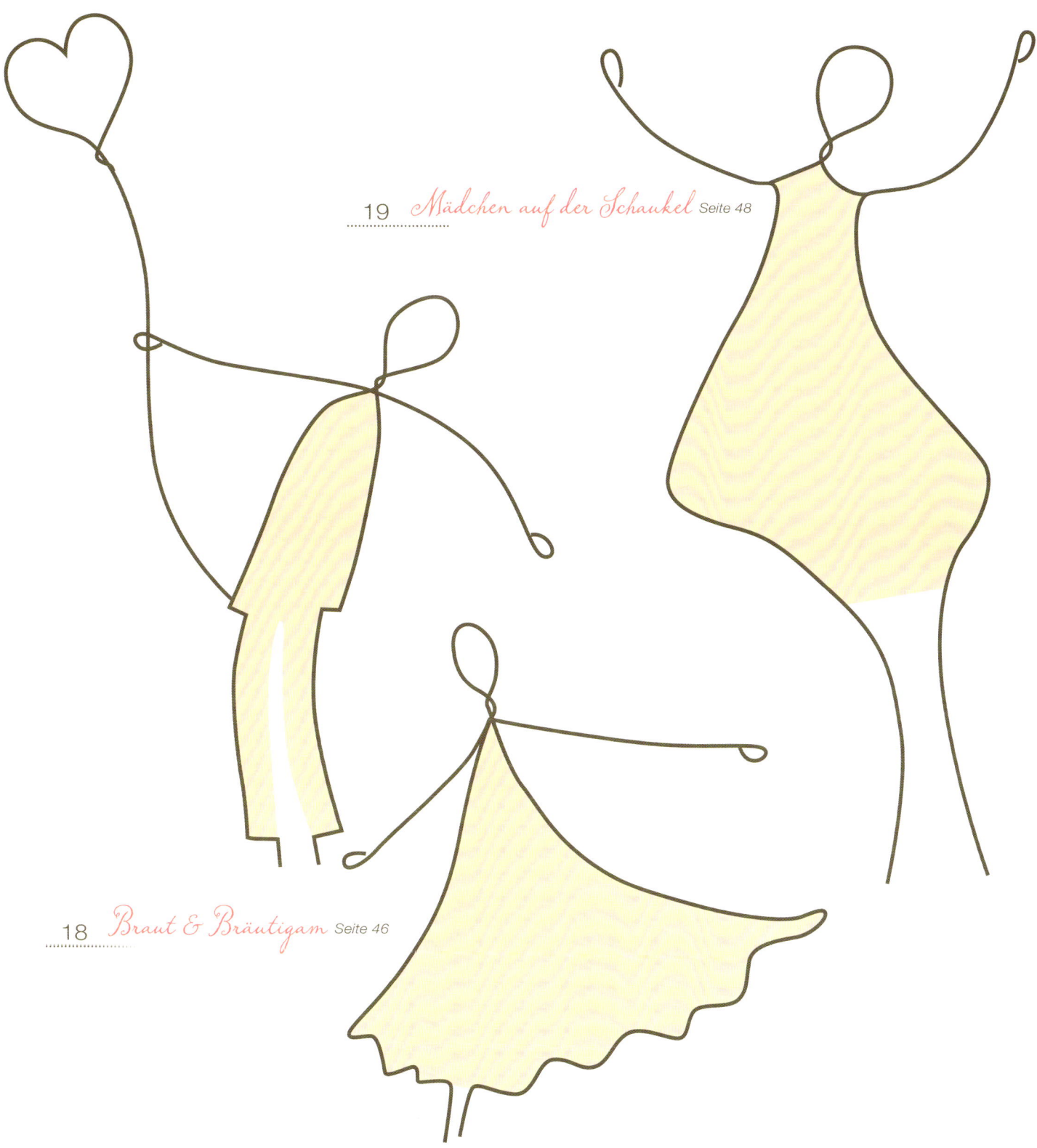

20 *Zwei auf einem Weg* Seite 50

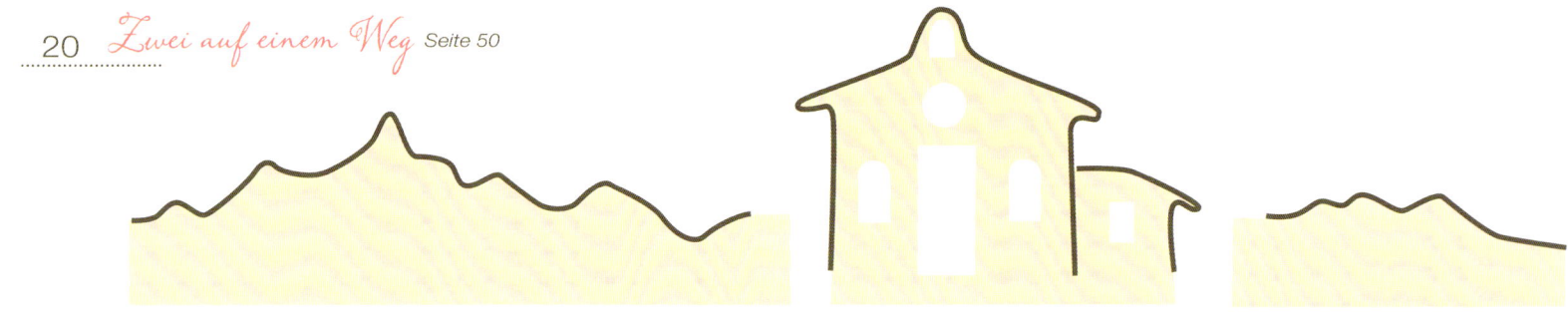

21 *Im Mondschein träumen* Seite 60

22 *Das Kind in den Wolken* Seite 59

23 Große Wäsche *Seite 52*

24 Fünf Mädchen mit Luftballons — Seite 54

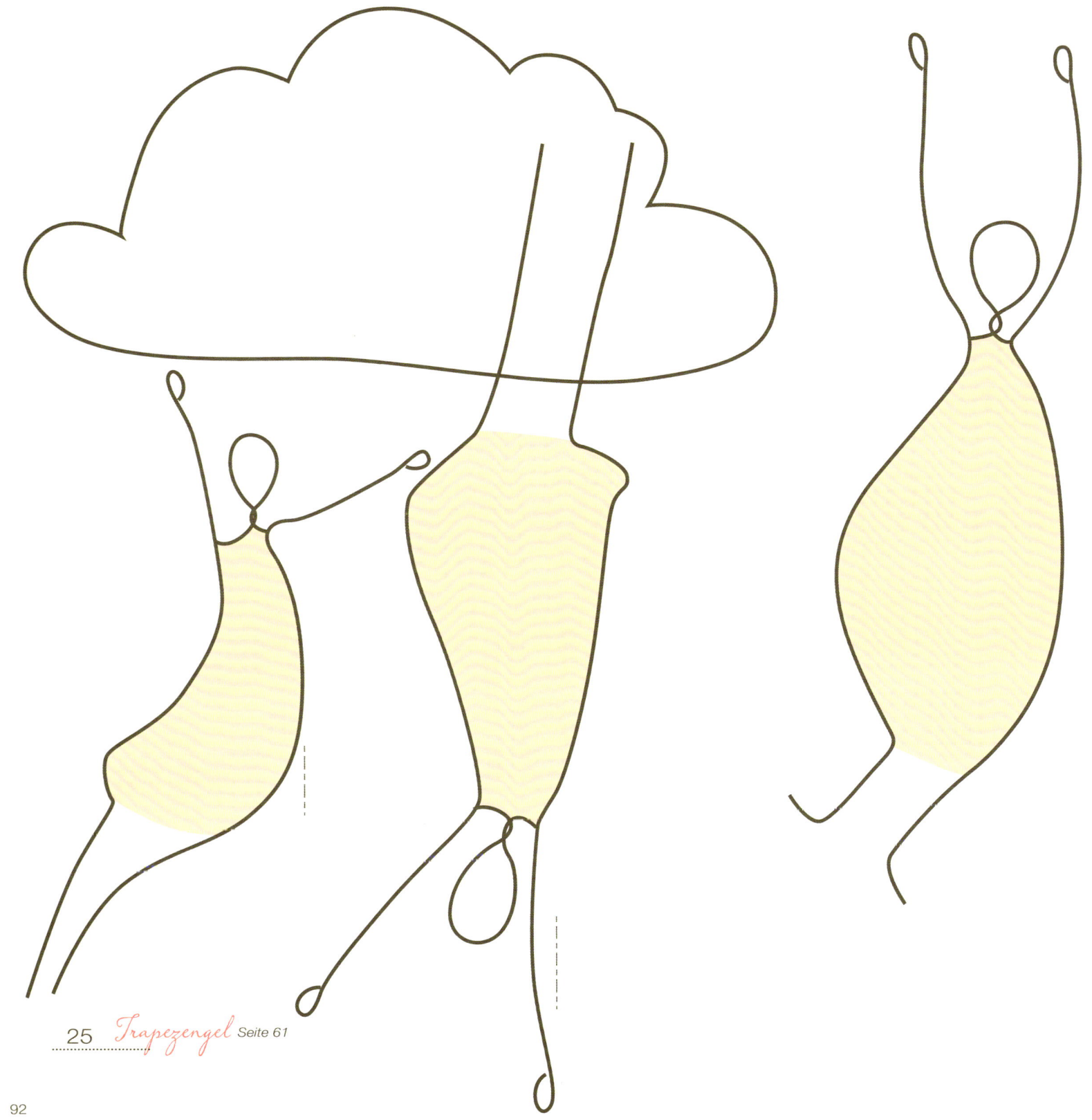

25 *Trapezengel* Seite 61

26 Hauchzartes Mobile *Seite 62*

27 Sternschnuppen zählen *Seite 63*

28 *Das Boot im Himmel* Seite 64   29 *Eine Miniatur* Seite 71

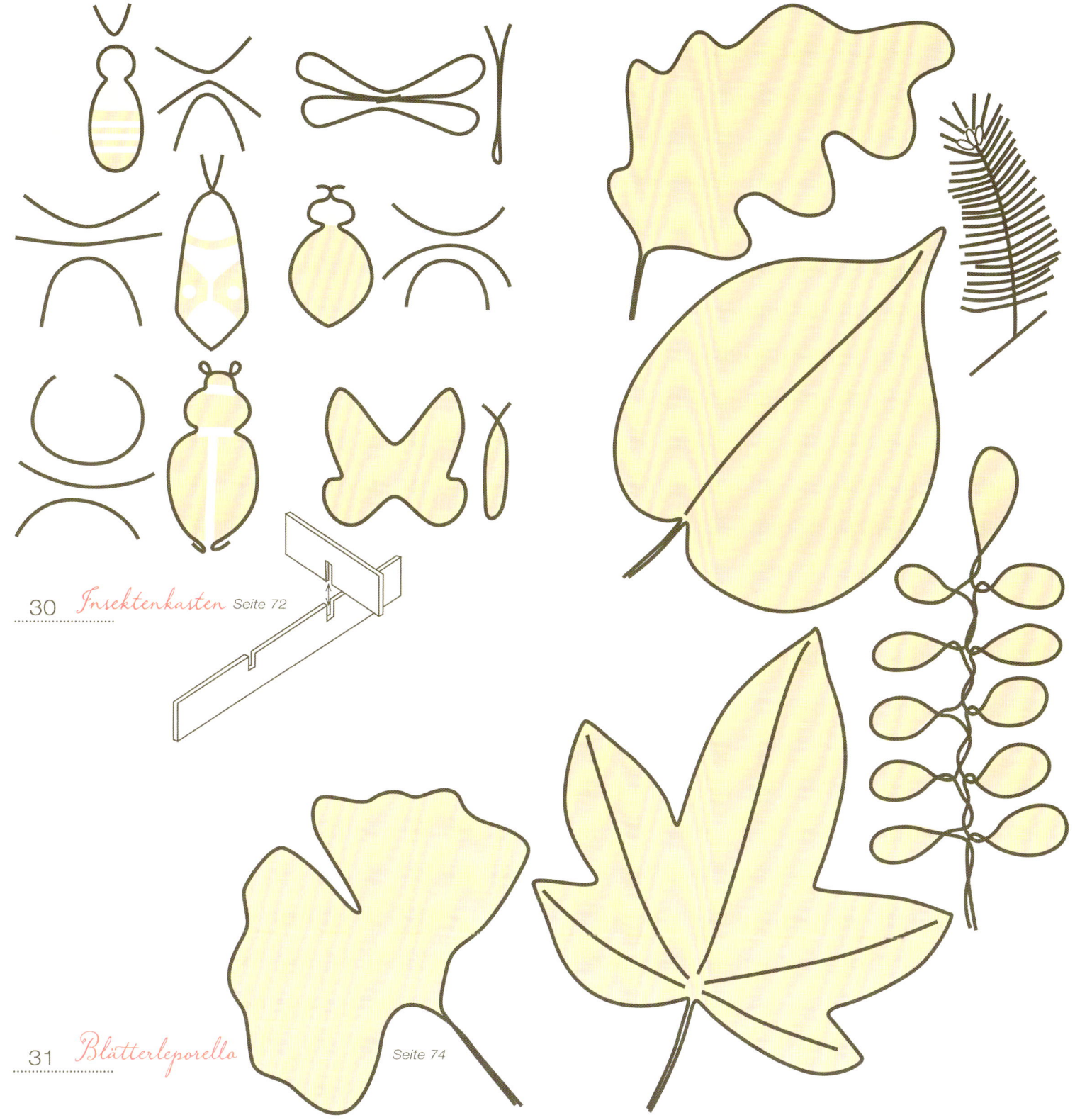

30 *Insektenkasten* Seite 72

31 *Blätterleporello* Seite 74

Copyright © 2013 Les Éditions de Saxe
„Poésie de papier"
Design: Isabelle GUIOT-HULLOT – www.epistyle.blogspot.fr
Layout: Anne ROULE
Zeichnungen: Marion PESTRE
Fotos: Didier BARBECOT

Copyright für die deutsche Ausgabe
© LV·Buch
im Landwirtschaftsverlag GmbH, Münster-Hiltrup, 2016

6. Auflage 2021

Das Werk einschließlich aller seiner Teile ist urheberrechtlich geschützt. Jede Verwertung außerhalb der engen Grenzen des Urheberrechtsgesetzes ist ohne Zustimmung des Verlages unzulässig und strafbar. Das gilt insbesondere für Vervielfältigungen, Übersetzungen und die Einspeicherung und Verarbeitung in elektronischen Systemen.

Übersetzung: Petra Bös, www.petraboes.eu

Innenlayout: Monika Wagenhäuser, LV·Buch

Druck: Westermann Druck Zwickau GmbH

ISBN 978-3-7843-5439-2